Dampfgaren

Kochen auf die sanfte Tour

Dampfgaren

Georg Ferencsin

av BUCH

Inhalt

Vorwort 7

Dampfgaren – Kochen auf die sanfte Tour 9

Dampfgarer 9

Gastronormeinsatz – was ist das? 11

Kombibacköfen 12

Niedergartemperatur-Methode 13

Ihre Gäste verspäten sich? 13

Gartabelle 14

Vorspeisen & Suppen 16

Asia-Glasnudelsalat 19

Ravioli mit Ricotta und Parmesan 20

Topfennockerln mit Minze auf Blattspinat 21

Pestonudeln mit Parmesan und gebratenen Kirschtomaten 22

Vitello tonnato 24

Vollkornbrot aus Sauerteig 25

Kürbiscremesuppe 27

Selleriecremesuppe mit frittiertem Selleriestroh 28

Gebundene Hühnersuppe mit Bröselknödeln 29

Rindsuppe mit Wurzelgemüse 30

Kartoffelcremesuppe mit frittierter Petersilie 33

Gemüse & Salate **34**
Artischocken mit Paprikavinaigrette 37
Kartoffelsalat 38
Gedämpfter Blumenkohl mit Butterbröseln ... 39
Spargelsalat mit Frühlingskräutern 40
Warmer Speckkrautsalat 43

Hauptspeisen **44**
Garnelen auf Glasnudelsalat
mit Gemüsestreifen 47
Gedämpfter Eismeersaibling
auf Lauchgemüse mit Weißweinsoße 48
Souffliertes Lachsfilet auf Frühlingsgemüse ... 50
Seezungenröllchen in Safrancreme
mit wildem Reis 51
Zander im Speckmantel auf Kürbisgemüse ... 53
Gefüllte Zucchiniblüten mit Lachsforellenfarce
auf Kräutersoße 54
Lammkarree mit gratinierten Kartoffeln
und Zucchinigemüse 57
Gefüllte Paprika in Tomatensoße 58
Gedünsteter Reis 59
Schweinefilet im Ganzen gebraten
mit Bärlauchcreme und Polentatalern 60
Rinderfilet auf Röstkartoffeln
mit grünem Spargel und
gegrillten Kirschtomaten 63
Gedämpfte Hühnerbrust
mit pikantem Gemüse und Kräutern 64
Schweinsschopf mit Kümmelsaft
und Semmelauflauf 67
Hirse-Gemüse-Auflauf 68
Überbackene Auberginenröllchen
mit Vulcano-Rohschinken 69
Entenbrust mit Sojakeimlingen
und süßer Sojasoße 70
Kalbsgulasch mit Serviettenknödeln 72
Geselchtes mit Kartoffelpüree
und Röstzwiebeln 73
Pilzrisotto 75
Rinderrouladen mit Bandnudeln 76
Kartoffelteig für Gnocchi
oder Schupfnudeln 77

Desserts **78**
Schokolade-Nuss-Soufflé
mit Schokoladesoße 81
Topfensoufflé mit Fruchtsoße 82
Flüssiger Schokoladekuchen 84
Kaiserschmarrn 85
Buchteln mit Vanillesoße 87
Wachauer Marillenknödel
mit Nussbröseln 88
Powidltascherln 90
Germknödel 91
Crème brûlée 93

Kleiner Küchendolmetscher 94
Kleines Küchenlexikon 94
Rezepte von A bis Z 94
Verwendete Literatur 96
Impressum 96

Das Küchenteam: Raphael Paul, Matthäus Blauensteiner, Lara Pflanzer, Andreas Zwettler, Georg Ferencsin, Erika Stefal, Christian Zaufl (v. l. n. r.)

Vorwort

Gesundes Kochen stellt für mich seit vielen Jahren eine große Aufgabe dar. Als ehemaliger Koch in der Spitzengastronomie und nun Lehrer an den „Tourismusschulen Modul" in Wien habe ich inzwischen für meine Kochkurse und meinen Unterricht zahlreiche Rezepte selbst entwickelt. Eine besondere Herausforderung war und ist für mich das Kochen mit dem Dampfgarer bzw. Dampfbackofen. Leider musste ich bei den von mir geleiteten Kochseminaren aber immer wieder feststellen, dass auch ambitionierte Hobbyköchinnen und -köche mit den vorhandenen Rezepten in den diversen Büchern zu diesem Thema nicht zurechtkamen – warum auch immer. Ich finde das sehr schade, denn die vielen Vorzüge, die das Dampfgaren mit sich bringt, sind einfach nicht zu toppen. Einerseits ist es ein Verfahren, bei dem die Nahrungsmittel sehr schonend behandelt werden. Andererseits werden dadurch Zeitressourcen frei, die anderweitig genutzt werden können. Als Gastgeber kann man sich zum Beispiel in Ruhe seinen Gästen widmen, ohne dabei befürchten zu müssen, dass in der Küche irgendetwas anbrennen könnte. Zudem ist es möglich, vieles schon im Vorhinein vorzubereiten, und obendrein herrscht in der Küche kein Tohuwabohu in Form von unzähligen gebrauchten Töpfen und Schüsseln. Last, but not least, bringt es u. a. auch Vorteile für Ihre Kinder. Wie alle Mütter und Väter wissen, kann es mit dem Aufwärmen oder Regenerieren von Speisen bei unserem Nachwuchs oft nicht schnell genug gehen. Während nun das Essen mithilfe von Dampf in wenigen Minuten auf sanfte und gesunde Weise erwärmt wird, können Sie den Sprösslingen Ihre ganze Aufmerksamkeit widmen.

Noch ein Hinweis zu den Rezepten. Da die hier vorgestellten Rezepte mit verschiedenen Dampfgarmethoden zubereitet werden können, kann es mitunter zu leichten Abweichungen bei den Garzeiten kommen. Ebenso gibt es bei den Geräten geringfügige Bedienungsunterschiede, die eventuell leichte Korrekturen erfordern. Alle Rezepte für den Dampf- bzw. Kombibackofen gelingen selbstverständlich auch in einem üblichen Backofen, dann eben ohne Dampf.

Mein Anliegen war es, ein Kochbuch zu gestalten, das die LeserInnen nicht mit einer langen Einleitung „langweilt", sondern sich in erster Linie der Zubereitung der Speisen widmet. Vor allem war ich darauf bedacht, mich nicht auf ein bestimmtes Gerät zu beziehen, sondern allen „dampfgarenden" Hobbyköchinnen und -köchen die Möglichkeit zu bieten, sich mit diesem neuen Betätigungsfeld anzufreunden.

Ich wünsche Ihnen gutes Gelingen und viel Freude beim Nachkochen!

Georg Ferencsin

Dampfgaren – Kochen auf die sanfte Tour

Sie essen gern gedämpften Fisch, Fleisch und vitaminreiches Gemüse? Dann sollten Sie das Garen mit Dampf unbedingt einmal ausprobieren. Für dieses Verfahren, das bei 80–100 °C erfolgt, ist beste Lebensmittelqualität und Frische der Produkte eine besonders wichtige Voraussetzung.

Dampfgarer

Ein Dampfgarer ist ein Küchengerät, mit dem Lebensmittel wie Gemüse, Fisch und Fleisch mittels Wasserdampf gegart werden. Bei dieser schonenden und gesunden Zubereitungsmethode kommen die Speisen nicht mit Wasser in Berührung; so werden (lebens-)wichtige Vitamine und Mineralstoffe nicht ausgeschwemmt. Außerdem trocknet das Gargut nicht aus wie etwa beim Garen in einem herkömmlichen Backofen. Der heiße Wasserdampf strömt auf die Nahrungsmittel und umschließt sie von allen Seiten. Bei manchen Lebensmitteln, insbesondere bei Gemüse, wird die Farbe sogar noch verstärkt und die natürlichen Aromen bleiben erhalten.

Grundsätzlich ist Dampfgaren jedoch keine neue Erfindung. In China ist diese Art der Speisenzubereitung bereits seit vielen Jahrhunderten bekannt. Von dort breitete sie sich nach Südostasien aus und gelangte über Japan und Indien nach Europa. Populär wurde das schonende Dampfgaren allerdings erst in den 1990er-Jahren, als sich ein neues Gesundheitsbewusstsein langsam etablierte, man verstärkt nach schonenden und möglichst fettfreien Garmethoden suchte und das Interesse an asiatischer und speziell chinesischer Küche wuchs. Während Dampfgarer in der Gastronomie schon längst gang und gäbe sind, finden sie allmählich auch immer mehr in Privathaushalten Einzug.

Häufig besteht jedoch der Irrglaube, dass das sanfte Garen nur zum Dämpfen von Gemüse geeignet sei. Das stimmt nicht, die Vielfalt der Einsatzmöglichkeiten ist viel, viel größer.

Im Dampfgarer können sämtliche Gemüse, Reis, Teigwaren, Kartoffeln, Knödel, gedünstetes und gedämpftes Fleisch, gedämpfter Fisch, Frühstückseier und Desserts zubereitet werden, um nur einige Beispiel zu nennen. Auch das Regenerieren von bereits gegarten Speisen ist möglich. Dazu werden die gut gekühlten Speisen einfach in einem Gastronormeinsatz bei Dampf und einer Temperatur zwischen 80 und 100 °C erwärmt. Auch wenn – wie heutzutage nicht selten – zu unterschiedlichen Zeiten gegessen wird, ist ein Dampfgarer eine sehr sinnvolle Anschaffung. Die fertigen Lebensmittel können auf einem Teller angerichtet und mit einer Frischhaltefolie überzogen im Kühlschrank aufbewahrt werden. Bei Dampf und der gewünschten Temperatur kann das Gericht innerhalb weniger Minuten im Dampfgarer erwärmt werden. Anschließend die Folie entfernen und die Speise genießen.

Gastronormeinsatz – was ist das?

Gastronormeinsätze sind Behälter aus einer Chrom-Nickel-Legierung, aus Glas, Porzellan oder Kunststoff, die in ihrer Größe durch eine Gastronorm (siehe unten) festgelegt sind. Sie werden vorwiegend in der Gastronomie, aber immer öfter auch im Haushalt für die neuen Dampfgarer und Kombibacköfen eingesetzt. Die Einsätze sind ungelocht sowie gelocht verfügbar und in verschiedenen Größen und Fassungsvermögen erhältlich. Geeignete Größen für Haushaltsgeräte werden in folgenden Maßen angeboten:

GN 1/3: 325 x 176 mm
GN 1/2: 325 x 265 mm
GN 2/3: 354 x 325 mm

Kombibacköfen

Diese Geräte sind echte Alleskönner. Dabei handelt es sich um Dampfgarer mit einer integrierten Backofenfunktion. Sie können sowohl als Dampfgarer oder als Backofen verwendet werden, aber auch die Kombination Hitze mit Dampf ist möglich. Es gibt Geräte, die einen Wassertank zum Nachfüllen besitzen, oder Geräte mit einem fix montierten Wasserzu- und -ablauf. Ein Vorteil besteht darin, dass permanent frisches Wasser verfügbar ist. Außerdem rinnt das beim Dämpfen entstandene Wasser direkt ab. Speisen aus Hefe-, Brand-, Blätter- oder Plunderteig wie Brandteigkrapfen, Pizzen oder Buchteln können damit ganz einfach zubereitet werden. Selbstverständlich ist es auch möglich, Gebäck vom Vortag aufzubacken (125 °C Hitze und 60 % Dampf) oder Fleisch im Ganzen zu braten, das mithilfe der Hitze-Dampf-Kombination nicht mehr austrocknen kann. Fisch und Fleisch können damit auch mit dem sogenannten Niedergartemperatur-Verfahren zubereitet werden.

Niedergartemperatur-Methode

Sie lieben rosa und zart Gebratenes? Dann sollten Sie diese einzigartige Garmethode unbedingt ausprobieren. Für dieses Verfahren, das bei 80 °C erfolgt, ist beste Fleisch- und Fischqualität ebenfalls eine besonders wichtige Voraussetzung.

Und so wird's gemacht. Zunächst heizen Sie Ihren Kombibackofen auf 80 °C vor. Das Fleisch erst kurz vor Gebrauch würzen. Dann in einer Pfanne neutrales Pflanzenöl (Vorsicht: kein kalt gepresstes Öl verwenden, es würde verbrennen) oder Butterschmalz erhitzen und das Fleisch darin bei mittlerer bis starker Hitze anbraten. Braten Sie auch die Enden sorgfältig an, damit alle Poren geschlossen sind und der Saft im Fleisch bleibt. Halten Sie sich dabei an die in der Gartabelle (siehe Seite 14) angegebenen Zeiten, denn dadurch bekommt der Braten die gewünschte schützende Kruste und die Brataromen sind ja bekanntlich die Geschmacksträger.

Setzen Sie nun das Stück Fleisch in einen ungelochten Gastronormeinsatz und garen das Fleisch bei 80 °C. Stellen Sie die Kerntemperatur am Kombibackofen ein und platzieren Sie den Kerntemperaturfühler in der Mitte des Fleischstücks. Bei Erreichen der gewünschten Kerntemperatur ertönt ein akustisches Signal. Während der Braten im Kombibackofen gart, können Sie sich zum Beispiel in Ruhe der Soße und den Beilagen widmen.

Ihre Gäste verspäten sich?

Kein Problem! Öffnen Sie am Ende der Garzeit die Tür des Kombibackofens, bis die Temperatur auf 60 °C abgesunken ist. Bei dieser Temperatur bleibt Ihr Braten nun bis zu 3 Stunden nahezu unverändert. Da das bei 80 °C gegarte Fleisch naturgemäß nur warm ist, sollten Beilagen und Soße heiß sein. Wärmen Sie außerdem Teller und Servierplatten gut vor.

Gartabelle

Fleisch	Anbraten	Garen bei 80 °C	Kern-temperatur
Schwein			
Schweinsmedaillons	1 Minute pro Seite	20 Minuten	60 °C
Filet (ganz)	4–5 Minuten	45 Minuten	60 °C
Karree (800 g)	6–7 Minuten	2 ½ Stunden	60 °C
Schopfbraten (1 ½ kg)	6–8 Minuten	3 Stunden	60 °C
Spanferkel (1 kg)	6–8 Minuten	3 ½ Stunden	75 °C
Kalb und Rind			
Kalbsfilet (ganz)	5–6 Minuten	1 ½ Stunden	60 °C
Kalbsmedaillons	1 Minute pro Seite	20 Minuten	55 °C
Kalbskotelette	1 Minute pro Seite	30 Minuten	60 °C
Filetsteak rare	1 Minute pro Seite	10 Minuten	50 °C
Filetsteak medium	2 Minuten pro Seite	30 Minuten	55 °C
Filetsteak well done	2 Minuten pro Seite	1 ½ Stunden	75 °C
Rinderfilet, ganz (medium, 1 ½ kg)	5–6 Minuten	1 ½–2 Stunden	55 °C
Roastbeef (1 ½ kg)	5 Minuten	1 ½–2 Stunden	50–60 °C
Roastbeef (2 ½ kg)	5 Minuten	2 ½ Stunden	50–60 °C
Lamm und Wild			
Hirschmedaillons	1 Minute pro Seite	20 Minuten	60 °C
Hirschlungenbraten, ganz	2–3 Minuten	1 Stunde	60 °C
Hirschkalbsrücken (ohne Knochen, 800 g)	5–6 Minuten	1 ¾ Stunden	60 °C
Hirschbraten (Keule, 1 ¼ kg)	4–6 Minuten	4 ½ Stunden	60 °C
Lammkotelette	1 Minute pro Seite	25 Minuten	60 °C
Lammkarree	5–6 Minuten	1 Stunde	55 °C
Lammrückenfilet	4–5 Minuten	30 Minuten	55 °C

Fleisch	Anbraten	Garen bei 80 °C	Kern-temperatur
Lammkeule (mit Knochen, 1 ¾ kg)	4–5 Minuten	4 ½ Stunden	60 °C
Lammkeule (ohne Knochen, 1 kg)	4–5 Minuten	4 Stunden	60 °C
Lammkeule (1 ½ kg gefüllt)	4–5 Minuten	4 ½ Stunden	60 °C
Rehschulter (mit Knochen, 800 g)	4–5 Minuten	3 Stunden	65–70 °C
Rehkeule (mit Knochen, 2 kg)	8–10 Minuten	6 Stunden	65–70 °C
Rehbraten (ohne Knochen, 1 ½ kg)	8–10 Minuten	4 Stunden	70 °C
Rehrücken (mit Knochen, 1 ½ kg)	6–8 Minuten	1 ½ Stunden	60 °C
Wildschweinbraten (800 g)	5–6 Minuten	2 ½–3 Stunden	65–70 °C
Geflügel			
Hühnerbrustfilet	2 Minuten pro Seite	45 Minuten	75 °C
Entenbrustfilet (Barberie)	5–6 Minuten	45 Minuten	60–65 °C
Gänsebrust (gehäutet, 500 g)	6–7 Minuten	2 Stunden	75 °C
Putenbraten (800 g)	5–6 Minuten	3 Stunden	75 °C
Putenbraten (1 ¼ kg)	7–8 Minuten	5 Stunden	75 °C
Pute (3 kg)	40 Minuten bei 220 °C	4 ½ Stunden	75 °C
Pute (4 ¼ kg)	40 Minuten bei 220 °C	7 Stunden	75 °C
Ente (2 ½ kg)	1 Stunde bei 220 °C	5 Stunden	75 °C
Gans (4 kg)	1 Stunde bei 220 °C	6 Stunden	75 °C
Brathuhn (1 kg)	20 Minuten bei 180 °C	1 ½ Stunden	75 °C
Fisch		**Garen bei 80–85 °C Dampf**	
Lachsfilet (180 g)		15–20 Minuten	
Thunfischsteak im Kern rosa (150 g)		5 Minuten	
Schwertfischsteak (150 g)		10 Minuten	
Seeteufelmedaillon		10 Minuten	

Vorspeisen & Suppen

DAMPFGARER

Asia-Glasnudelsalat

4 Portionen

Zutaten
1 Pkg. Glasnudeln
2 Knoblauchzehen
10 g Ingwer
1 Karotte
½ Stange Lauch
150 g Shiitakepilze
4 EL Sesamöl
Sojasoße

Zubereitung

Die Glasnudeln in kaltem Wasser einweichen. Die Karotte schälen und den Strunk entfernen. Karotte, Lauch, Ingwer und Knoblauch in feine Streifen schneiden. Die Pilze von den Stielen befreien, waschen und vierteln.

In einer Pfanne etwas Sesamöl erhitzen und darin die Pilze kurz anschwitzen, Knoblauch und Ingwer dazugeben und kurz dünsten. Anschließend das Gemüse im vorgeheizten Dampfgarer bei 100 °C und 100 % Dampf in einem ungelochten Gastronormeinsatz für etwa 10 Minuten bissfest dämpfen und mit etwas Sojasoße würzen.

Die eingeweichten Glasnudeln aus dem Wasser nehmen und für ca. 15 Minuten ebenfalls bei 100 °C und 100 % Dampf in einem ungelochten Gastronormeinsatz dämpfen und danach kalt abschrecken. Die Glasnudeln einige Male durchschneiden, mit dem Gemüse vermischen und mit Sojasoße abschmecken.

Tipp

Sie können bei diesem Rezept auch zuerst die Glasnudeln dämpfen und nach 5 Minuten das Gemüse dazugeben. Beides wird zur gleichen Zeit fertig sein und kann weiterverarbeitet werden. Ingwer wirkt appetitanregend und verdauungsfördernd. Er enthält reichlich ätherische Öle und Bitterstoffe, seine Schärfe bekommt er von den sogenannten Gingerolen.

DAMPFGARER

Ravioli mit Ricotta und Parmesan

4 Portionen

Zutaten

NUDELTEIG
7 Eigelb
1 Ei
250 g glattes Weizenmehl
Prise Salz
2 EL Olivenöl

FÜLLE
250 g Ricotta
50 g Grieß
1 Ei
1 Eigelb
100 g geriebener Parmesan
Salz, Pfeffer aus der Mühle
100 g Butter zum Anrichten

Zubereitung

Für den Nudelteig alle Zutaten zu einem festen Teig verarbeiten. Wenn der Teig zu fest sein sollte, 1–2 EL Wasser beigeben. Etwa 20 Minuten ruhen lassen, danach dünn ausrollen.

Für die Fülle Ricotta, Grieß, ganzes Ei und Parmesan mit Salz und Pfeffer aus der Mühle gut verrühren. Teigplatten mit dem Eigelb bestreichen. Auf eine Hälfte des Teiges die Fülle mit einem Abstand zum Ausstechen dressieren und die andere Teighälfte darüber zusammenklappen. Mit der Rückseite eines kleinen Ausstechers den Teig rund um die Fülle anpressen und ausstechen.

Die Ränder der Ravioli mithilfe einer Gabel zusammendrücken und auf einen leicht beölten ungelochten Gastronormeinsatz legen. Im vorgeheizten Dampfgarer bei 100 °C und 100 % Dampf für 12–15 Minuten dämpfen. Die fertigen Ravioli auf einem Teller anrichten, mit flüssiger Butter beträufeln und mit gehobeltem Parmesan garnieren.

Tipp

Wer will, kann auch getrocknete Tomaten klein schneiden und unter den Ricotta mischen.

DAMPFGARER

Topfennockerln mit Minze auf Blattspinat

4 Portionen

Zutaten
250 g Topfen
50 g Grieß
1 ganzes Ei
1 Eigelb
geriebener Parmesan
frische Minze
500 g Blattspinat
frisch geriebene Muskatnuss
4 EL Butter
Salz, Pfeffer aus der Mühle

Zubereitung
Topfen, Grieß, Ei sowie Eigelb gut miteinander vermischen, mit Salz, Pfeffer und Muskatnuss würzen. Den Blattspinat in einem gelochten Gastronormeinsatz bei 100 °C und 100 % Dampf ca. 8 Minuten dämpfen und danach mit kaltem Wasser abspülen.

Etwas von dem gehackten, gut ausgedrückten Blattspinat, der Minze und vom Parmesan zu der Topfenmasse geben und mit zwei Löffeln schöne Nockerln formen. In einem ungelochten Gastronormeinsatz im vorgeheizten Dampfgarer bei 100 °C und 100 % Dampf für 25 Minuten dämpfen.

Die fertigen Nockerln auf dem im Dampfgarer erwärmten Blattspinatsockel anrichten, mit geriebenem Parmesan bestreuen und mit heißer brauner Butter beträufeln.

Info

Spinat enthält fettlösliches Vitamin K, das wesentlich zur Gesundheit der Knochen und Blutgerinnung beiträgt. Außerdem ist Spinat eine gute Magnesiumquelle und schützt vor Wadenkrämpfen.

DAMPFGARER

Pestonudeln mit Parmesan und gebratenen Kirschtomaten

4 Portionen

Zutaten

PESTO
2 Tassen frisches Basilikum
3 fein gehackte Knoblauchzehen
250 ml Olivenöl
2 EL fein gehackte Pinienkerne
Salz, Pfeffer aus der Mühle
100 g Parmesan

500 g Spaghetti
250 g Kirschtomaten
2 EL Olivenöl
Salz, Pfeffer aus der Mühle
200 g frisch gehobelter Parmesan

frisches Basilikum zum Garnieren

Zubereitung

Für das Pesto Basilikum mit Knoblauch, Olivenöl, Pinienkernen und ein wenig Salz sowie Pfeffer mit dem Mixer pürieren, Parmesan unterrühren. Das Pesto sollte flüssig sein (nach Bedarf noch etwas Olivenöl beigeben).

Die Spaghetti in einen ungelochten Gastronormeinsatz legen und diesen 3 cm mit Wasser befüllen. Salz und Olivenöl beifügen und im vorgeheizten Dampfgarer bei 100 °C und 100 % Dampf 15–20 Minuten dämpfen.

Die Kirschtomaten mit etwas Olivenöl in einer Pfanne anbraten und mit Salz und Pfeffer abschmecken. Nach dem Dämpfen die Nudeln abseihen und mit dem Pesto vermischen.

Auf tiefen Suppentellern mit den Kirschtomaten und dem frischen Parmesan anrichten und mit frischen Basilikumblättern garnieren.

Info

Tomaten haben eine besonders antioxidative und zellschützende Wirkung. Das Nachtschattengewächs verdankt dies dem sogenannten Lycopin, welches auch für das leuchtende Rot verantwortlich ist und nur im gekochten Zustand wirksam wird. Abgesehen davon ist die Tomate reich an Vitamin C und E sowie Betacarotinen und schützt die Haut vor gefährlichen UV-Strahlen.

Vitello tonnato

DAMPFGARER

4 Portionen

Zutaten

FLEISCH
600 g Kalbsnuss
1 Zitrone
250 ml Weißwein
300 ml Wasser
1 EL Kapern
1 Karotte
1 weiße Zwiebel
2 Lorbeerblätter
Salz, Pfeffer aus der Mühle

SOSSE
1 Dose Thunfisch ohne Öl (150 g)
50 g Mayonnaise
1 Zitrone
100 ml Olivenöl
2 EL Kapern
1 EL Balsamico
100 ml Kalbsfond
Salz, Pfeffer aus der Mühle

Zubereitung

Die Kalbsnuss in einen ungelochten Gastronormeinsatz legen und mit dem Weißwein, dem Wasser, den Lorbeerblättern, der geschälten Karotte und der geviertelten Zwiebel zugedeckt 24 Stunden im Kühlschrank marinieren.

Vor dem Dämpfen das Fleisch mit Salz und Pfeffer würzen, in einer Pfanne scharf anbraten und danach wieder in die Marinade im Gastronormeinsatz legen. Nun im vorgeheizten Dampfgarer bei 100 °C und 100 % dämpfen. Wenn eine Kerntemperatur von 65 °C erreicht ist (Kern- oder Temperaturfühler verwenden), im eigenen Fond auskühlen lassen.

Für die Soße Thunfisch, Kapern, Kalbsfond, Saft von der halben Zitrone und Balsamico fein pürieren. Nach und nach Olivenöl langsam einfließen lassen. Mit der Mayonnaise zu einer sämigen Soße mixen und mit Salz und Pfeffer abschmecken.

Kalbfleisch in möglichst dünne Scheiben schneiden, auf einer Platte anrichten und gleichmäßig mit der Thunfischsoße bedecken. Zitronenscheiben darauflegen und Kapernbeeren darüberstreuen.

Tipp

Dieser Kalbsfond eignet sich hervorragend als Suppe, die man vor dem Vitello reichen kann. Wenn Sie keine unmittelbare Verwendung dafür haben sollten, können Sie den Fond in Eiswürfelgröße einfrieren und haben immer, wenn sie eine gute Soße oder einen Saft benötigen, einen Kalbsfond eingefroren.

KOMBI-
BACKOFEN

Zutaten

SAUERTEIG
200 g frisch gemahlenes Roggenvollkornmehl
20 g Hefe
125 ml lauwarmes Wasser
1 EL Sauermilch

HAUPTTEIG
250 g frisch gemahlenes Weizenvollkornmehl
150 g Roggenvollkornmehl
250 ml lauwarmes Wasser
1–2 TL Salz
10 g Hefe
Gewürze nach Geschmack (Kümmel, Koriander, Anis, Fenchel, Kardamom, ganz oder gemahlen)
1 EL Essig
etwas Weizenmehl zum Stauben
1 EL Sonnenblumenöl zum Einfetten

Vollkornbrot aus Sauerteig

1 Laib mit 500 g

Zubereitung

Für den Sauerteig die Hefe im lauwarmen Wasser auflösen, mit dem Roggenvollkornmehl und der Sauermilch vermischen, durchkneten und mit einem feuchten Tuch bedecken. Bei 30 °C ca. 3 Stunden im Dampfgarer gären lassen.

Für den Hauptteig die Hefe in wenig lauwarmem Wasser auflösen und die Mehle mit den Gewürzen in einer Schüssel vermengen. In einer Vertiefung des Sauerteigs die angerührte Hefe und das Mehl mit den Gewürzen einarbeiten. Wasser zugießen, gut durcharbeiten, mit Mehl stauben und abgedeckt an einem warmen Ort doppelt so hoch aufgehen lassen.

Den Teig nochmals durcharbeiten, einen Laib (oder Laibchen zu je 60 g) formen und auf einen befetteten, ungelochten Gastronormeinsatz legen. Mit einem feuchten Tuch zudecken, nochmals 20 Minuten gehen lassen und im vorgeheizten Kombibackofen bei 200 °C und 60 % Dampf fertig backen (Garzeiten: Laib ca. 1 Stunde, Laibchen 20–25 Minuten).

Nach dem Backen das Brot sofort aus dem Ofen nehmen, mit kaltem Wasser bestreichen und auf einem Gitter auskühlen lassen, damit die Feuchtigkeit nach allen Seiten entweichen kann.

Tipps

- Zu allen Brotmassen kann man 2–3 EL Kleie, Haferflocken oder ganze Getreidekörner geben (einige Stunden vorher quellen lassen).
- Wer will, kann den fertig gegarten Teig mit Wasser bestreichen, mit Gewürzen wie Leinsamen, Kümmel oder Sesamkörnern bestreuen und dann erst im Kombibackofen backen.

DAMPFGARER

Kürbiscremesuppe

4 Portionen

Zutaten
500 g Kürbisfleisch
(Hokkaido oder Muskat)
60 g kleine Zwiebeln
1 EL Butter
60 ml Weißwein
500 ml Suppe
150 ml Schlagobers
eventuell Weizenmehl
zum Stauben
Salz, Pfeffer aus der Mühle
frischer Ingwer

Zubereitung

Den Kürbis schälen, die weichen Faserteile und Kerne entfernen und das Fruchtfleisch in 2 x 2 cm große Würfel schneiden. Kürbiswürfel im vorgeheizten Dampfgarer bei 100 °C und 100 % Dampf für 15–20 Minuten (je nach Kürbissorte) weich dämpfen.

Zwiebeln schälen und in feine Würfel schneiden. Die Butter in einem Topf zerlassen und die Zwiebelwürfel darin glasig dünsten.

Kürbiswürfel zu den Zwiebeln geben. Alles leicht mit Mehl bestäuben, mit Weißwein und Suppe aufgießen.

Mit Schlagobers verfeinern und bei mittlerer Hitze einmal aufkochen lassen. Die Suppe pürieren und mit frischem Ingwer, Salz und Pfeffer abschmecken.

Tipp

Mit geschlagenem Obers, Blätterteigstangen, Kernöl und gerösteten Kürbiskernen garnieren. Natürlich passen auch Schwarzbrotcroûtons hervorragend dazu.

DAMPFGARER

Selleriecremesuppe mit frittiertem Sellериestroh

4 Portionen

Zutaten
50 g Zwiebeln
20 g Butter
20 g Weizenmehl
1 l Rindsuppe
400 g Knollensellerie
200 ml Schlagobers
Salz, Pfeffer aus der Mühle
frisch geriebene Muskatnuss

Fett zum Backen
Schlagobers zum Verfeinern und Garnieren

Zubereitung

Zwiebeln in feine Würfel schneiden, in der Butter hell anrösten, mit Mehl stauben und mit heißer Rindsuppe aufgießen. Den Suppenansatz mit 300 g geschälten und klein geschnittenen Selleriestücken sowie dem Obers in einen tiefen ungelochten Gastronormeinsatz geben und im vorgeheizten Dampfgarer bei 100 °C und 100 % Dampf ca. 50 Minuten weich dämpfen.

Die Suppe mit Salz, Pfeffer und Muskatnuss würzen und mit einem Stabmixer fein mixen.

Für das frittierte Selleriestroh den restlichen Sellerie in hauchdünne Streifen schneiden (ca. 5 cm lang und 2 mm dick) und in heißem Fett für etwa 2 Minuten knusprig backen. Die Suppe mit etwas geschlagenem Obers verfeinern und servieren.

Info

Sellerie wirkt harntreibend und entwässernd. Je frischer die Knolle, desto stärker der verdauungsfördernde Effekt.

DAMPFGARER

Gebundene Hühnersuppe mit Bröselknödeln

4 Portionen

Zutaten

HÜHNERSUPPE

150 g Hühnerklein
(Leber, Herz, Magen, Flügel)
1 Hühnerschenkel
80 g Wurzelgemüse
(Sellerie, Karotten, Lauch, Gelbe Rüben)
20 g glattes Weizenmehl
20 g Butter
250 ml Schlagobers
1 ½ l Wasser
Salz, Pfeffer aus der Mühle
frisch geriebene Muskatnuss
1 kleines Bund Petersilie

BRÖSELKNÖDEL

100 g weiche Butter
1 Ei, 1 Eigelb
250 g frische Semmelbrösel
125 ml Milch
1 EL klein gehackte Petersilie
frisch geriebene Muskatnuss
Salz, Pfeffer aus der Mühle

Zubereitung

Das gewaschene Hühnerklein und den Hühnerschenkel mit Wasser bedecken und in einem tiefen, ungelochten Gastronormeinsatz mit dem Wurzelgemüse im vorgeheizten Dampfgarer bei 100 °C und 100 % Dampf für etwa 40 Minuten weich dämpfen und danach durch ein feines Sieb abseihen.

Fett in einem Topf erhitzen und das Mehl farblos anschwitzen. Mit der Suppe und dem Obers aufgießen und einmal am Herd aufkochen lassen. Das Hühnerfleisch und das Hühnerklein in Würfel schneiden, danach als Suppeneinlage in die fertig abgeschmeckte Suppe geben und mit der gehackten Petersilie vollenden.

Für die Knödel die Butter schaumig rühren und nach und nach Ei und Eigelb langsam unter den Butterabtrieb mengen. Semmelbrösel in der Milch einweichen, 20 Minuten ziehen lassen, unter den Abtrieb rühren und würzen. Die gehackte Petersilie unterheben und für ca. 30 Minuten ruhen lassen. Knödel formen und im Dampfgarer bei 100 °C und 100 % Dampf 20 Minuten dämpfen.

Info

Hühnerfleisch enthält sehr viel Zink und ist gut für das Immunsystem. Es ist auch reich an Kalium, stärkt die Nerven und den Herzmuskel. Eine selbst gemachte heiße Hühnerbrühe wirkt bei Erkältungen wahre Wunder. Die im Geflügelfleisch enthaltenen B-Vitamine sorgen für eine schöne Haut.

DAMPFGARER

Rindsuppe mit Wurzelgemüse

4 Portionen

Zutaten

500 g saftiges Schulterstück vom Rind
250 g Rindsknochen
100 g Zwiebeln (mit Schale)
5 l Wasser

WURZELGEMÜSE UND AROMATE

100 g Karotten
100 g Gelbe Rüben
100 g Sellerie
100 g Lauch
50 g Petersilie
30 g Liebstöckel
5 Lorbeerblätter
Salz, schwarze Pfefferkörner
frisch geschnittener Schnittlauch

Zubereitung

Die Rindsknochen in einen tiefen, ungelochten Gastronormeinsatz einlegen und bei 100 °C und 100 % Dampf für 20 Minuten dämpfen, danach mit kaltem Wasser abspülen. Dabei gerinnen die Trübstoffe und werden mit einem Teil des gelösten Fettes abgeschwemmt. Die abgespülten Rindsknochen und das Schulterstück (es kann auch jedes andere Stück vom Rind, das sich zum Kochen eignet, verwendet werden) mit kaltem Wasser in einen tiefen, ungelochten Gastronormeinsatz legen und im vorgeheizten Dampfgarer bei 100 °C und 100 % Dampf 2–3 Stunden dämpfen.

Den aufsteigenden Schaum immer wieder abschöpfen. Zwiebeln mit Schale halbieren und an den Schnittflächen ohne Fett in einer Pfanne sehr dunkel anbraten. Nach etwa einer Stunde der Kochzeit das Wurzelgemüse und die Aromate beigeben.

Wenn das Fleisch weich ist, aus der Suppe nehmen. Danach die Suppe mit Salz abschmecken und durch ein feines Sieb abseihen.

Tipps

- Wenn Sie den Kernfühler verwenden möchten, dann stellen Sie die Kerntemperatur auf 95 °C ein und nehmen bei Erreichen der Temperatur das Fleisch aus dem Dampfgarer. Die restliche Suppe im Dampfgarer belassen.
- Durch das Ansetzen mit kaltem Wasser werden die Knochen besser ausgelaugt und die Geschmacksstoffe übertragen sich auf die Suppe.

DAMPFGARER

Kartoffelcremesuppe mit frittierter Petersilie

4 Portionen

Zutaten
50 g Zwiebeln
200 g Kartoffeln
20 g Butter
20 g Weizenmehl
1 l Bouillon
500 ml Schlagobers
Salz, Pfeffer aus der Mühle
frisch geriebene Muskatnuss
1 kleines Bund Petersilie

Fett zum Backen
Schlagobers zum Verfeinern und Garnieren

Zubereitung

Zwiebeln und Kartoffeln in feine Würfel schneiden. Zwiebelwürfel in Butter hell anrösten, mit Mehl stauben und mit heißer Bouillon aufgießen. Den Suppenansatz mit den Kartoffelwürfeln und dem Obers in einen tiefen, ungelochten Gastronormeinsatz geben und im vorgeheizten Dampfgarer bei 100 °C und 100 % Dampf etwa 50 Minuten weich dämpfen. Die Suppe mit Salz, Pfeffer und Muskatnuss würzen und mit einem Stabmixer fein mixen.

Für die frittierte Petersilie die Blätter von den Stielen abzupfen und in heißem Fett für ein paar Sekunden backen. Die Suppe noch mit etwas geschlagenem Obers verfeinern und servieren.

Tipp
Pilze oder Speckwürfel passen zu dieser Suppe ganz ausgezeichnet.

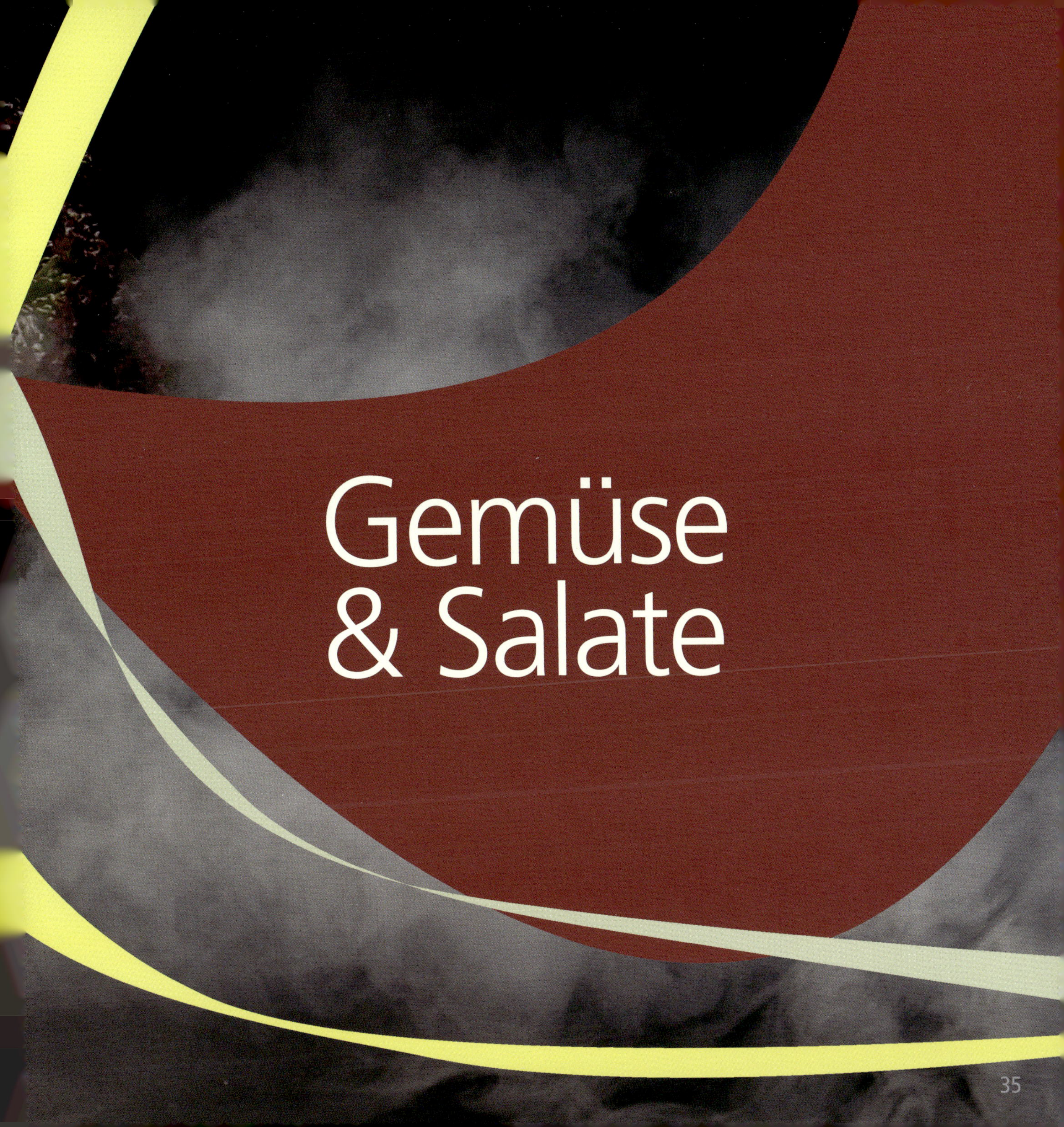

Gemüse & Salate

DAMPFGARER

Artischocken mit Paprikavinaigrette

4 Portionen

Zutaten

GEMÜSE
4 große Artischocken
2 Zitronen
2 EL Olivenöl
125 ml Weißwein
3 EL glattes Weizenmehl
Salz, schwarze Pfefferkörner

PAPRIKAVINAIGRETTE
6 EL Olivenöl
3 EL Balsamico
2 EL Wasser
1 Bund Schnittlauch
je ein Viertel roter, gelber und grüner Paprika
2 Schalotten
Salz, Pfeffer aus der Mühle
Prise Puderzucker
1 hart gekochtes Ei
Kerbel zum Garnieren

Zubereitung

Artischockenstiele durch kräftiges Drehen am Ansatz herausbrechen. Die harten Blätter auf der Unterseite der Artischocke entfernen. Die Blattspitzen (Kopf der Artischocke) ca. 2 cm oberhalb des Bodens mit einem Messer abschneiden und den Artischockenboden sofort mit Zitrone einreiben. Das Heu mit einem Löffel aus dem Boden herauskratzen und ebenfalls gleich mit Zitrone einreiben. Pro Artischockenboden benötigt man 6–8 schöne Artischockenblätter, die auch mitgedämpft werden.

In einen tiefen, ungelochten Gastronormeinsatz Wasser einfüllen, mit Weißwein, Mehl, Olivenöl, Zitronenscheiben, Salz und Pfefferkörnern verfeinern und die Artischocken einlegen, sodass sie vom Wasser bedeckt sind. Ungefähr 25 Minuten im vorgeheizten Dampfgarer bei 100 °C und 100 % Dampf weich dünsten. Die Artischocken sind fertig gegart, wenn sich die einzelnen Blätter bei den Blattenden problemlos mit den Zähnen abstreifen lassen.

Für die Vinaigrette Schnittlauch, Paprika und Schalotten fein schneiden. Alle Zutaten miteinander vermischen und mit Salz sowie Pfeffer abschmecken. Zum Schluss das hart gekochte Ei fein hacken, über die fertig angerichtete Vinaigrette streuen und mit Kerbel garnieren.

Info

Artischocken sind gut für die Leber und eine Verdauungshilfe. Der verdauungsfördernde Bitterstoff Cynarin fördert die Produktion von Gallensaft und wirkt appetitanregend. Die Leber wird gestärkt und die Cholesterinwerte verbessern sich.

DAMPFGARER

Kartoffelsalat

4 Portionen

Zutaten

500 g festkochende Kartoffeln (wenn möglich Kipfler)
100 g rote Zwiebeln
200 ml heiße Rindsuppe
60 ml Apfelessig
Salz, weißer Pfeffer aus der Mühle
Prise Puderzucker
4 EL Sonnenblumenöl
20 g frisch geschnittener Schnittlauch

Zubereitung

Die Kartoffeln je nach Größe im vorgeheizten Dampfgarer bei 100 °C und 100 % Dampf für 35–40 Minuten dämpfen, noch heiß schälen und feinblättrig schneiden.

Mit fein gehackten roten Zwiebeln, heißer Rindsuppe, Apfelessig, Salz, Pfeffer sowie Puderzucker vorsichtig vermischen und 10 Minuten marinieren.

Zum Schluss das Öl und den frisch geschnittenen Schnittlauch unterheben und anrichten.

Tipp

Wer will, kann auch aus dem fertigen Kartoffelsalat ganz einfach einen Mayonnaisesalat herstellen oder einen steirischen Kartoffelsalat mit Gurken, Kürbiskernen und Kernöl zubereiten. Dafür die Gurken dünn schneiden, salzen, mit etwas Knoblauch, Apfelbalsamico und Kernöl marinieren und unter den Kartoffelsalat mischen. Die gehackten Kürbiskerne erst kurz vor dem Servieren als Garnitur auf den Salat streuen.

DAMPFGARER

Gedämpfter Blumenkohl mit Butterbröseln

4 Portionen

Zutaten

2 Köpfe Blumenkohl
250 g Butter
80 g Semmelbrösel
Salz, Pfeffer aus der Mühle

Zubereitung

Blumenkohl von den Blättern befreien und den Strunk kürzen, ohne dass sich die Röschen lösen. Eine halbe Stunde in kaltes Salzwasser legen.

In größere Röschen zerteilen, in einen gelochten Gastronormeinsatz legen und im vorgeheizten Dampfgarer bei 100 °C und 100 % Dampf 15–20 Minuten kernig dämpfen (Nadelprobe).

Butter in einem Topf schmelzen, die Brösel darin hellbraun rösten und leicht salzen. Blumenkohl aus dem Gastronormeinsatz nehmen, abtropfen lassen, mit den Butterbröseln bestreuen und anrichten.

Tipp

Mit zwei hart gekochten, gehackten Eiern und frischer Petersilie, die man unter die Butterbröseln mischen kann, macht man das Gericht noch attraktiver. Auf diese Weise kann man auch Brokkoli oder Romanesco zubereiten. Wer will, kann auch alle drei Salate miteinander mischen.

DAMPFGARER

Spargelsalat mit Frühlingskräutern

4 Portionen

Zutaten
1 kg weißer Spargel
250 ml Joghurt
250 g Sauerrahm
125 ml Milch
Petersilie, Schnittlauch, Dill, Estragon, Kerbel
Saft von einer Zitrone
Salz, Pfeffer aus der Mühle
Blattsalate der Saison (roter oder grüner Eichblattsalat, Lollo rosso oder Lollo bianco, Feldsalat, Rucolasalat)
100 g Cocktailtomaten

Zubereitung

Den Spargel (wie im Tipp unten beschrieben) im vorgeheizten Dampfgarer bei 100 °C und 100 % Dampf bissfest dämpfen. In ca. 5 cm lange Stücke schneiden und im Spargelfond warm stellen.

Joghurt mit Sauerrahm und Milch vermischen und die frisch gehackten Kräuter beigeben, Zitronensaft dazugeben und abschmecken. Alles gut miteinander vermischen.

Den lauwarmen Spargel und die gewaschenen Blattsalate mit der Kräutersoße marinieren und mit den Cocktailtomaten anrichten.

Tipp

Spargel dämpft man in leicht gesalzenem und gezuckertem Wasser in einem ungelochten Gastronormeinsatz. Wenn er sehr bitter sein sollte, legen Sie ein Stück Weißbrot oder eine alte Semmel dazu. Die Garzeiten betragen für Solo-Spargel 20–30 Minuten, für Klasse-A- und Klasse-B-Spargel 15–20 Minuten.

Tipp

Spargel schmeckt frisch am besten! Beim Spargeleinkauf achten Sie bitte darauf, dass die Schnittflächen immer frisch und noch saftig sind, die Köpfe fest und geschlossen. Zum Frischhalten den ungeschälten Spargel in ein feuchtes Tuch wickeln. So bleibt der Spargel im Gemüsefach des Kühlschranks bis zu 4 Tage frisch. Geschält werden die Spargelstangen immer vom Kopf zum Schnittende hin. Am besten setzt man einen Spargelschäler ca. 1–2 cm unterhalb des Kopfes an und schält die Stangen zunächst dünn und zum Ende hin etwas dicker ab. Holzige Enden werden großzügig abgeschnitten.

DAMPFGARER

Warmer Speckkrautsalat

4 Portionen

Zutaten
400 g Weißkraut
60 ml Apfelessig
Salz, weißer Pfeffer
aus der Mühle
Puderzucker
ganzer Kümmel
100 g würfelig geschnittener
Frühstücksspeck oder
Hamburger Speck
4 EL Sonnenblumenöl

Zubereitung

Das Weißkraut von den äußeren Blättern befreien, fein schneiden, leicht salzen und nach etwa 10 Minuten kräftig ausdrücken. Den Kümmel mit 50 ml Wasser 2–3 Minuten in einem Topf weich kochen und über das Weißkraut geben.

Für die Marinade Essig, Puderzucker, Salz und Pfeffer zum Weißkraut geben. Krautsalat in einen tiefen, ungelochten Gastronormeinsatz füllen und im vorgeheizten Dampfgarer bei 100 °C und 100 % Dampf für 20–25 Minuten weich dünsten. Nach der halben Garzeit sollte man das Kraut mit einem Kochlöffel durchrühren.

Währenddessen den Speck in Sonnenblumenöl knusprig anrösten und kurz vor dem Anrichten unter den warmen Krautsalat heben, damit der Speck knusprig serviert werden kann.

Selbstverständlich können Sie den Salat auch kalt servieren oder auch am nächsten Tag im Dampfgarer auffrischen.

Info

Dem Kraut wird eine krebsvorbeugende Wirkung zugeschrieben. Es ist sehr kalorienarm und hat einen hohen Gehalt an Vitaminen (vor allem K und C) sowie Mineralstoffen (u. a. Kalium, Kalzium, Magnesium, Eisen und Zink).

Hauptspeisen

DAMPFGARER

Garnelen auf Glasnudelsalat mit Gemüsestreifen

4 Portionen

Zutaten
400 g Glasnudelsalat
(siehe Seite 19)
500 g geschälte Garnelen
Kurkuma
1 Zitrone
Salz, Pfeffer aus der Mühle

Zubereitung
Die Garnelen säubern und vom Darm befreien. In einer kleinen Schüssel mit den Gewürzen ca. 20 Minuten marinieren.

Im vorgeheizten Dampfgarer bei 90 °C und 100 % Dampf für 10–15 Minuten dämpfen. Die Garzeit ist abhängig von der Größe der Garnelen.

Tipp
Wer will, kann statt der Garnelen Muscheln oder andere Meeresfrüchte verwenden. Es können auch Cashewkerne oder Erdnüsse unter den Salat gemischt werden.

NIEDERGAR-
TEMPERATUR
DAMPFGARER

Gedämpfter Eismeersaibling auf Lauchgemüse mit Weißweinsoße

4 Portionen

Zutaten

FISCH
4 Eismeersaiblingfilets (Alpenlachs) zu je 150 g
Saft einer Zitrone
Salz, Pfeffer aus der Mühle

WEISSWEINSOSSE
50 g Butter
50 g glattes Weizenmehl
125 ml Schlagobers
100 ml Fischfond
125 ml Weißwein
Salz, Pfeffer aus der Mühle

GEMÜSE
2 Stangen Lauch
2 EL Butter
1 kleines Bund Kerbel
Salz, Pfeffer aus der Mühle
etwas Fischfond

Zubereitung

Die Fischfilets mit Zitronensaft, Salz und Pfeffer würzen, in einen leicht beölten, ungelochten Gastronormeinsatz legen und im vorgeheizten Dampfgarer bei 85 °C und 100 % Dampf etwa 12 Minuten dämpfen (je nach Größe des Fischs).

Für die Soße die Butter schmelzen und das Mehl darin anschwitzen. Obers und Fischfond einrühren und kochen lassen, Weißwein beigeben und abschmecken. Kurz vor dem Anrichten nochmals aufmixen.

Lauch waschen und in ca. 2 cm dicke, schräge Scheiben schneiden. Lauchscheiben in die zerlassene Butter legen, beidseitig kurz glasig anbraten, mit Salz und Pfeffer würzen, mit Fischfond aufgießen und in der Pfanne weich schmoren. Das Lauchgemüse auf Tellern anrichten und mit frischem Kerbel garnieren.

Info

Bei der Fütterung der Eismeersaiblinge legt die Marke „Alpenlachs" nicht nur Wert auf die Qualität des Futters, sondern auch besonderes Augenmerk auf nachhaltiges Handeln und schonenden Umgang mit der Umwelt.

Souffliertes Lachsfilet auf Frühlingsgemüse

NIEDERGAR-
TEMPERATUR
DAMPFGARER

4 Portionen

Zutaten

FISCHFARCE
150 g Lachsfilet
1 Ei
etwas Zitronensaft
Salz, Pfeffer aus der Mühle
etwas Wermut zum Parfümieren
200 ml Schlagobers
1 TL gehackter Dill

FISCH
4 Lachsfilets zu je 150 g
Saft einer Zitrone
2 EL Olivenöl
Salz, Pfeffer aus der Mühle

GEMÜSE
150 g junge Karotten
150 g junge Zucchini
150 g junge Rote Bete
100 g junger Blattspinat
2 EL Butter
Salz, Pfeffer aus der Mühle

Zubereitung

Für die Fischfarce das Fischfilet ohne Haut klein schneiden und im Mixer pürieren oder ganz fein mit dem Messer hacken. Mit Salz, Pfeffer, Ei, etwas Wermut und Zitronensaft verrühren. Nun die Farce unter ständigem Rühren mit dem kalten Obers verfeinern und den Dill unterheben.

Die Lachsfilets mit Zitronensaft, Salz und Pfeffer würzen und an der Oberseite mit der Fischfarce 1 cm dick bestreichen. In einen leicht beölten, ungelochten Gastronormeinsatz legen und im vorgeheizten Dampfgarer bei 85 °C und 100 % Dampf 15–20 Minuten dämpfen (je nach Größe des Fischs).

Das Junggemüse waschen, putzen und im vorgeheizten Dampfgarer bei 100 °C und 100 % Dampf für etwa 15 Minuten weich dämpfen und mit Butterflocken, Salz und Pfeffer abschmecken.

Tipp

Selbstverständlich können Sie auch Petersilienkartoffeln als Beilage servieren. Diese kann man ebenfalls im Dampfgarer bei 100 °C und 100 % Dampf zubereiten. Ganz zum Schluss wird die frisch gehackte Petersilie mit den gedämpften Kartoffeln vermischt.

NIEDERGAR-TEMPERATUR DAMPFGARER

Seezungenröllchen in Safrancreme mit wildem Reis

4 Portionen

Zutaten

FISCH
8 Seezungenfilets oder
2 ganze Seezungen
Saft einer Zitrone
Salz, Pfeffer aus der Mühle

SAFRANSOSSE
50 g Butter
50 g glattes Weizenmehl
125 ml Schlagobers
100 ml Fischfond
1 Pkg. Safranfäden
125 ml Weißwein
Salz, Pfeffer aus der Mühle

REIS
100 g Wildreis
2 EL Butter
50 g geriebener Parmesan
Salz

Zubereitung

Die Seezungenfilets mit Zitronensaft, Salz und Pfeffer würzen, zu Röllchen formen, in einen leicht beölten, ungelochten Gastronormeinsatz legen und im vorgeheizten Dampfgarer bei 85 °C und 100 % Dampf 8–10 Minuten dämpfen (je nach Größe des Fischs).

Für die Soße Butter schmelzen und das Mehl darin anschwitzen. Obers, Fischfond und Safran einrühren und kochen lassen; Weißwein beigeben und abschmecken. Kurz vor dem Anrichten nochmals aufmixen.

Wildreis (1 Teil Reis und 3 Teile Wasser) in einen ungelochten Gastronormeinsatz füllen und im vorgeheizten Dampfgarer bei 100 °C und 100 % Dampf für 45–50 Minuten dämpfen. Wenn die Flüssigkeit komplett aufgenommen worden ist, leicht salzen und eventuell kalte Butter und Parmesan unterheben.

Info

Wilder Reis ist genau genommen kein Reis, sondern der Samen eines Wassergrases, das in den Sümpfen des Mississippi und in Ostasien wächst.

KOMBI-BACKOFEN

Zander im Speckmantel auf Kürbisgemüse

4 Portionen

Zutaten

FISCH
4 Zanderfilets zu je 150 g
100 g geschnittener Rohschinken
2 EL Traubenkernöl
Salz, Pfeffer aus der Mühle

KÜRBISGEMÜSE
800 g geraspeltes Kürbisfleisch (Hokkaido oder Muskat)
2 EL Butter
100 g in feine Würfel geschnittene Zwiebeln
125 ml Schlagobers
1 TL gehackter Dill
ganzer Kümmel
Salz, Pfeffer aus der Mühle

Zubereitung

Die Zanderfilets enthäuten, leicht salzen, pfeffern, mit einer Scheibe Rohschinken umwickeln und in einer beschichteten Pfanne kurz scharf anbraten.

In einen ungelochten Gastronormeinsatz legen und im Kombibackofen bei 140 °C Hitze und 100 % Dampf etwa 12 Minuten fertig garen.

Das Kürbisfleisch einsalzen und nach ca. 10 Minuten gut ausdrücken. Butter zergehen lassen und die Zwiebeln glasig anschwitzen. Kürbisfleisch beigeben und mit Obers aufgießen. Das Kürbisgemüse bei mittlerer Hitze garen lassen und mit frischem Dill, Kümmel, Salz und Pfeffer abschmecken. Fertiges Gemüse im Kombibackofen warm stellen.

Tipps

- Den Zander können Sie auch bei Niedergartemperatur im vorgeheizten Dampfgarer (85 °C, 100 % Dampf) in 15–20 Minuten (je nach Größe des Fischs) zubereiten.
- Als Beilage eignen sich Kartoffeln. Dafür vier mehlige Kartoffeln schälen und in 1 x 1 cm große Würfel schneiden. Im Fett goldgelb backen und im Kombibackofen warm stellen. Statt der Kartoffeln können Sie auch Couscous als Beilage servieren. Couscous kann im Dampfgarer wie Reis (siehe Seite 59) zubereitet werden.

DAMPFGARER

Gefüllte Zucchiniblüten mit Lachsforellenfarce auf Kräutersoße

4 Portionen

Zutaten

SOSSE
50 g Butter
50 g glattes Weizenmehl
125 ml Schlagobers
250 ml Fischfond
1 Bund gemischte Kräuter
125 ml Weißwein
Salz, Pfeffer aus der Mühle

FISCHFARCE
150 g Lachsforellenfilet
1 Ei
etwas Zitronensaft
Salz, Pfeffer aus der Mühle
etwas Wermut
zum Parfümieren
200 ml Schlagobers
1 TL gehackter Dill

8 Zucchiniblüten
4 EL Olivenöl

Zubereitung

Für die Soße Butter schmelzen und Mehl darin anschwitzen. Obers und Fischfond einrühren und kochen lassen, Weißwein dazugießen und mit Salz und Pfeffer abschmecken. Kräuter zufügen und kurz vor dem Anrichten aufmixen.

Für die Farce das Fischfilet ohne Haut klein schneiden und im Mixer pürieren oder mit einem Messer ganz fein hacken. Die Fischfarce mit Salz, Pfeffer, Ei, etwas Wermut und Zitronensaft verrühren. Nun die Farce unter ständigem Rühren mit dem kaltem Obers verfeinern und den gehackten Dill unterheben.

Von den Zucchiniblüten den Stempel entfernen. Die Farce mithilfe eines Dressiersacks vorsichtig in die Blüten dressieren. Die Blütenspitzen vorsichtig zusammendrehen. Die Blüten in eine eingefettete Auflaufform geben und mit dem Olivenöl beträufeln. Das Ganze ca. 15 Minuten im vorgeheizten Dampfgarer bei 100 °C und 100 % Dampf dämpfen.

Info

Bei Fettstoffwechselstörungen ist der Verzehr von Fisch grundsätzlich sehr empfehlenswert. Die im Fischöl enthaltenen Omega-3-Fettsäuren haben eine positive Wirkung auf den Cholesterinspiegel. Fisch ist aber auch wichtig für die ausreichende Versorgung mit Vitamin D, das wir für die Knochenbildung und für die Aufnahme von Kalzium und Phosphor brauchen.

Tipp

Zucchini nicht gemeinsam mit Tomaten, Äpfeln und anderen Obstsorten lagern, da durch das abgesonderte Ethylen Zucchini rascher verderben.

Zutaten

GRATINIERTE KARTOFFELN
400 g rohe Kartoffeln
2 Knoblauchzehen
125 ml Milch
250 ml Schlagobers
Salz, Pfeffer aus der Mühle
geriebene Muskatnuss
frischer Thymian und
frischer Rosmarin

ZUCCHINIGEMÜSE
500 g Zucchini
80 g in feine Würfel
geschnittene Zwiebeln
2 fein gehackte
Knoblauchzehen
Olivenöl
frischer Thymian und
frischer Rosmarin
Salz, Pfeffer aus der Mühle

FLEISCH
1 kg Lammrücken mit Knochen
3 EL Olivenöl zum Braten
Salz, Pfeffer aus der Mühle
Dijonsenf
frischer Thymian und
frischer Rosmarin
1 Knoblauchknolle

Lammkarree mit gratinierten Kartoffeln und Zucchinigemüse

NIEDERGAR-
TEMPERATUR
KOMBI-
BACKOFEN

4 Portionen

Zubereitung

Die Kartoffeln waschen und schälen, der Länge nach halbieren, in feine Scheiben schneiden und einen gebutterten, ungelochten Gastronormeinsatz oder eine feuerfeste Form damit auslegen. Würzen, mit Milch sowie Obers übergießen und im vorgeheizten Ofen bei 170 °C ca. 45 Minuten backen und warm stellen.

Die Zucchini in kleine Würfel schneiden und in Olivenöl glasig anschwitzen, Zwiebeln und Knoblauch beigeben und mit Rosmarin, Thymian, Salz und Pfeffer abschmecken.

Das Lammkarree mit Salz, Pfeffer sowie Dijonsenf würzen und in einer Pfanne in Olivenöl scharf anbraten. Anschließend im vorgeheizten Backofen bei 80 °C und 60 % Dampf für etwa 1 Stunde weiterbraten. Zum Braten kann man diverse Aromate wie Thymian, Rosmarin und Knoblauch mit der Schale beigeben. Das Lammkarree sollte im Kern rosa gebraten sein.

Hat das Fleisch eine Kerntemperatur von 55–58 °C erreicht (Kern- oder Temperaturfühler verwenden), aus dem Ofen nehmen und für 5 Minuten ruhen lassen, damit sich der Fleischsaft gut im Fleisch verteilen kann. Beim Anrichten mit dem Fleischsaft einen Soßensiegel am Teller ziehen und die rosa gebratenen Lammstücke daraufsetzen.

DAMPFGARER

Gefüllte Paprika in Tomatensoße

4 Portionen

Zutaten

8 grüne Paprika
500 g gemischtes Hackfleisch
80 g gehackte Zwiebeln
100 g Reis
3 EL Öl
2 gehackte Knoblauchzehen
2 EL gehackte Petersilie
Salz, Pfeffer aus der Mühle
frischer Majoran
Prise Feinkristallzucker
1 ½ l passierte Tomaten

Zubereitung

Paprika waschen, Deckel abschneiden (nicht wegwerfen) und aushöhlen. Die Zwiebeln in Fett rösten, abkühlen lassen und mit den Gewürzen, dem Knoblauch, der Petersilie sowie dem Hackfleisch vermischen.

Den vorbereiteten Reis im vorgeheizten Dampfgarer bei 100 °C und 100 % Dampf dämpfen (1 Teil Reis und 1 ½ Teile Wasser – Garzeit ca. 30 Minuten) und unter das Hackfleisch mischen.

Die Masse in die Paprikaschoten füllen. Deckel auf die Schoten setzen und in einen tiefen, ungelochten Gastronormeinsatz legen. Mit den Tomaten übergießen und 45 Minuten im vorgeheizten Dampfgarer bei 100 °C und 100 % Dampf weich dünsten.

Paprika enthält ausreichend Vitamin C, aber auch Vitamin A und B_6. Diese Vitamine stärken das Immunsystem und aktivieren die Zellen. Vor allem fördert der Wirkstoff Capsaicin die Durchblutung und befreit uns von Symptomen wie kalten Händen und Füßen, Schwindelgefühl und Migräneanfällen. Wegen des hohen Kalziumgehalts tut Paprika Knochen und Gelenken gut. Auch bei Durchfall, Verdauungsstörungen und Blähungen hat sich der Verzehr von Paprika bewährt.

Info

DAMPFGARER

Gedünsteter Reis

4 Portionen

Zutaten
2 Tassen Reis
3 Tassen Wasser
2 EL Butter
Salz
eventuell Nelken
und Lorbeerblätter

Zubereitung
Den Reis in einen ungelochten Gastronormeinsatz geben, mit Wasser auffüllen, mit Butter und Salz abschmecken und im Dampfgarer bei 100 °C und 100 % Dampf für ca. 35 Minuten dämpfen.

Safranreis: Vor dem Dämpfen des Reises Safranfäden beigeben.

Curryreis: Zwiebelwürfel in einem Topf glasig anschwitzen. Reis in einen ungelochten Gastronormeinsatz geben, mit Hühnerfond auffüllen, mit Butter und Salz abschmecken, Currypulver beigeben und bei 100 °C und 100 % Dampf für ca. 35 Minuten dämpfen.

Risi-Pisi: Nach etwa 25 Minuten die gefrorenen Erbsen unter den Reis mischen.

Milchreis: 2 Tassen Reis und 5 Tassen Milch mit Butter, Feinkristallzucker und einer Prise Salz im Dampfgarer cremig dämpfen. Beim Anrichten mit geriebener Schokolade oder Zimt vollenden.

Info

Reis wirkt beruhigend auf Magen und Darm. Vor allem Naturreis ist besonders mineralstoffreich und sorgt dadurch für Entwässerung und Entschlackung. Zudem ist Reis recht kalorienarm.

NIEDERGAR-
TEMPERATUR
KOMBI-
BACKOFEN

Schweinefilet im Ganzen gebraten mit Bärlauchcreme und Polentatalern

4 Portionen

Zutaten

FLEISCH
800 g Schweinefilet
3 EL Rapsöl zum Braten
Salz, Pfeffer aus der Mühle

POLENTATALER
180 g Polentamehl (Maisgrieß)
250 ml Milch
250 ml Wasser
40 g Butter
2 Eigelb
Salz, Pfeffer aus der Mühle
geriebene Muskatnuss
Rapsöl zum Braten

BÄRLAUCHCREME
100 g Bärlauch
80 g Zwiebeln
etwas Rapsöl
250 ml Schlagobers
Salz, Pfeffer aus der Mühle

Zubereitung

Das Schweinefilet mit Salz sowie Pfeffer aus der Mühle würzen und in einer Pfanne in Rapsöl scharf anbraten. Im vorgeheizten Backofen bei 80 °C Hitze und 60 % Dampf für etwa 45 Minuten fertig braten. Das Schweinefilet sollte im Kern rosa gebraten sein. Hat das Fleisch eine Kerntemperatur von 55–58 °C erreicht (Kern- oder Temperaturfühler verwenden), aus dem Ofen nehmen und für 5 Minuten ruhen lassen, damit sich der Fleischsaft gut im Fleisch verteilen kann.

Für die Polentataler Milch und Wasser in einem Topf aufkochen. Die Butter darin schmelzen. Polentamehl mit einem Schneebesen einrühren und weich kochen. Wenn das Polentamehl die ganze Flüssigkeit aufgenommen hat, die Masse vom Herd nehmen und etwas abkühlen lassen. Eigelb und Gewürze einrühren, die Masse ca. 1 cm dick aufstreichen und nach dem Erkalten Ringe ausstechen. In einer Pfanne Rapsöl erhitzen und die Scheiben portionsweise backen.

Für die Creme den Bärlauch waschen und fein hacken, Zwiebeln in feine Würfel schneiden. Etwas Rapsöl in einem Topf erhitzen, die Zwiebeln darin glasig anschwitzen, mit Obers aufgießen und mit Salz sowie Pfeffer abschmecken. Nun den frischen Bärlauch in die Soße mixen.

Info

Rapsöl wird auch als „Olivenöl des Nordens“ bezeichnet. Es hat einen ähnlich hohen Gehalt an Ölsäure wie sein südlicher „Verwandter“. Da man es hoch erhitzen kann, wird es gern zum Kochen und Braten verwendet.

Info
Das im Knoblauch enthaltene ätherische Öl Allicin senkt den Cholesterinspiegel und tötet Bakterien und Pilze im Darm. Knoblauch senkt den Blutdruck, wirkt entgiftend, galletreibend und gefäßerweiternd.

NIEDERGAR-
TEMPERATUR
DAMPFGARER
KOMBI-
BACKOFEN

Rinderfilet auf Röstkartoffeln mit grünem Spargel und gegrillten Kirschtomaten

4 Portionen

Zutaten

FLEISCH
600 g Rinderfilet
125 ml Rotwein
200 g rote Zwiebeln
400 ml brauner Fond
4 EL Olivenöl
1 Knoblauchknolle
frischer Rosmarin
und Thymian

RÖSTKARTOFFELN
500 g Kartoffeln
150 g Zwiebeln
Salz, Pfeffer aus der Mühle

400 g grüner Spargel
100 g Butter
200 g Kirschtomaten

Zubereitung

Das Rinderfilet mit Salz sowie Pfeffer aus der Mühle würzen und in einer Pfanne in Olivenöl scharf anbraten. Im vorgeheizten Backofen bei 80 °C und 60 % Dampf für etwa 2 Stunden mit Knoblauch und frischen Kräutern weiterbraten. Hat das Fleisch eine Kerntemperatur von 55–58 °C erreicht (Bratenstufe medium, Kern- oder Temperaturfühler verwenden), aus dem Ofen nehmen und für 5 Minuten ruhen lassen, damit sich der Fleischsaft gut im Fleisch verteilen kann.

Die roten Zwiebeln in Streifen schneiden und in Olivenöl kurz anschwitzen, mit Rotwein und braunem Fond ablöschen und verkochen lassen.

Spargel schälen und im Dampfgarer dämpfen (siehe Rezept „Spargelsalat", Seite 40).

Kartoffeln in einen gelochten Gastronormeinsatz legen und im vorgeheizten Dampfgarer bei 100 °C und 100 % Dampf je nach Größe ca. 40 Minuten dämpfen, schälen und auskühlen lassen. Die Zwiebeln schälen und in feine Würfel schneiden. Kartoffeln mit einer Röstireibe grob reißen, salzen und mit den fein gehackten Zwiebeln in heißem Fett anrösten. Wenn die Röstkartoffeln auf beiden Seiten knusprig gebraten sind, die Kirschtomaten in einer Pfanne in Butter schwenken.

DAMPFGARER

Zutaten
4 Hühnerbrüste zu je 150 g
2 rote Paprika
2 gelbe Paprika
1 mittelgroße Zwiebel
1 Stange Lauch
1 EL Butter
100 ml Schlagobers
1 EL gehackte Petersilie
Salz, Pfeffer aus der Mühle
frischer Rosmarin
Olivenöl

Tipp

Wenn man Kräuter in verschlossenen Gläsern ohne Wasser kühl aufbewahrt, bleiben sie länger frisch.

Gedämpfte Hühnerbrust mit pikantem Gemüse und Kräutern

4 Portionen

Zubereitung

Hühnerbrüste in der Mitte vorsichtig einschneiden, aufklappen, zwischen zwei Frischhaltefolien legen und möglichst dünn klopfen.

Paprika waschen, halbieren, Strunk und Kerngehäuse entfernen. Halbierte Paprika auf ein Backblech legen, mit dem Handballen flach drücken und mit etwas Olivenöl beträufeln. Im vorgeheizten Backofen bei starker Oberhitze oder Grillfunktion die Paprika so lange grillen, bis die Paprikahaut Blasen wirft und sich dunkelbraune Flecken bilden. Paprika herausnehmen, kurz mit eiskaltem Wasser abschrecken, die Haut abziehen und in längliche Streifen schneiden. Die plattierte Hühnerbrust mit Salz, Pfeffer, Rosmarin und Knoblauch würzen, mit den gegrillten Paprikastreifen und der gehackten Zwiebel füllen. Hühnerbrust mithilfe von Frischhaltefolie zu einer Rolle formen und an beiden Enden gut verschließen. Die Rolle nochmals mit Alufolie umwickeln, Enden wieder gut zudrehen und die Rolle im vorgeheizten Dampfgarer bei 100 °C und 100 % Dampf 25 Minuten dämpfen.

Lauch waschen und in ca. 2 cm dicke schräge Scheiben schneiden. Lauchscheiben in zerlassene Butter legen, beidseitig kurz anbraten, mit Salz sowie Pfeffer würzen, Obers zugießen und in der Pfanne weich schmoren. Auf Tellern anrichten und mit frischer Petersilie abschmecken. Die gedämpfte Hühnerbrustrolle aus dem Dampfgarer heben, aus der Folie rollen und in Scheiben schneiden. Auf dem geschmorten Lauch anrichten und servieren.

NIEDERGAR-
TEMPERATUR
KOMBI-
BACKOFEN

Schweinsschopf mit Kümmelsaft und Semmelauflauf

4 Portionen

Zutaten

FLEISCH

1 ¼ kg Schweinsschopf
5 EL Olivenöl zum Braten
gehackter Knoblauch und ganzer Kümmel
Salz, Pfeffer aus der Mühle
kalte Butterflocken

SEMMELAUFLAUF

5 Semmeln vom Vortag
300 ml Milch
50 g Butter
3 Eier
20 g fein geschnittene Zwiebel
Salz, Pfeffer aus der Mühle
1 EL gehackte Petersilie
geriebene Muskatnuss
etwas Olivenöl
Semmelbrösel

Zubereitung

Öl mit Salz, Pfeffer und Knoblauch verrühren, das Fleisch einlegen, zugedeckt marinieren und kurz vor dem Anbraten mit Kümmel bestreuen.

Fleisch in einer Pfanne in Olivenöl scharf anbraten. Im vorgeheizten Backofen bei 80 °C und 30 % Dampf für 2 ½–3 Stunden (je nach Fleischgröße) weiterbraten. Wenn es eine Kerntemperatur von 75 °C erreicht hat (Kern- oder Temperaturfühler verwenden), kann der Schopf aufgeschnitten werden. Den Bratensaft mit Knoblauch und Kümmel und kalten Butterflocken verfeinern.

Für den Auflauf die Semmeln in Würfel schneiden und in eine Schüssel geben. Eier trennen. Zwiebel in etwas Öl glasig anschwitzen, mit Milch, Eigelb sowie Petersilie vermischen und über die Würfeln geben. Ungefähr 15 Minuten ruhen lassen. Währenddessen das Eiweiß mit einer Prise Salz zu steifem Schnee schlagen und unterheben. Die Semmelmasse in eine befettete und mit Bröseln bestreute Form füllen und im vorgeheizten Ofen bei 200 °C und 30 % Dampf etwa 25 Minuten backen.

DAMPFGARER

Hirse-Gemüse-Auflauf

4 Portionen

Zutaten
250 g Hirse
250 ml Wasser
1 mittelgroße Zwiebel
30 g Butter
150 g Champignons
1 Stange Lauch
1 Karotte
200 g Romanesco
oder Blumenkohl
3 Eier
250 ml Sauerrahm
100 ml Schlagobers
200 g geriebener Parmesan
frische Frühlingskräuter
Salz, Pfeffer aus der Mühle

Zubereitung

Hirse mit Wasser in einen ungelochten Gastronormeinsatz füllen und im vorgeheizten Dampfgarer bei 100 °C und 100 % Dampf etwa 30 Minuten garen. Zwiebel würfelig schneiden und mit der Butter in einem Topf glasig anschwitzen. Gemüse in kleine Röschen und kleine Würfel schneiden und zu der Zwiebel geben.

Alle Zutaten mit der gedämpften Hirse vermischen, in eine Auflaufform oder in einen ungelochten Gastronormeinsatz geben und im vorgeheizten Dampfgarer bei 100 °C und Dampf 35–40 Minuten garen.

Info

Hirse enthält sehr viele Mineralstoffe und ist deshalb besonders günstig für den Knochenaufbau. Zudem hilft sie gegen Haarausfall und gegen brüchige Nägel.

Überbackene Auberginenröllchen mit Vulcano-Rohschinken

KOMBI-BACKOFEN

Zutaten

AUBERGINENRÖLLCHEN
2 Auberginen
Salz
Olivenöl zum Braten
Pfeffer aus der Mühle
150 g dünn geschnittener Vulcano-Rohschinken
1 kleines Bund frisches Basilikum

TOMATENSUGO
2 kleine Dosen geschälte Tomaten (ca. 500 g)
2 Zwiebeln
2 EL Olivenöl
1 gepresste Knoblauchzehe
1 TL Oregano
Salz, Pfeffer aus der Mühle
2 Kugeln Mozzarella

4 Portionen

Zubereitung

Auberginen waschen, der Länge nach in etwa 5 mm dicke Scheiben schneiden, auf ein mit Salz bestreutes Backblech legen, 30 Minuten ziehen lassen und mit Küchenpapier abtupfen. Die Auberginenscheiben in einer beschichteten Pfanne mit etwas Öl beidseitig kurz anbraten, auf das Blech zurücklegen und mit Pfeffer würzen. Jede Scheibe mit einem Rohschinkenblatt und 2–3 Basilikumblättern belegen, eng einrollen und bei Bedarf mit Zahnstochern fixieren.

Für das Sugo die geschälten Tomaten grob hacken. Zwiebel feinwürfelig schneiden und in Öl anschwitzen. Gehackte Tomaten und Tomatensaft hinzufügen, würzen und ca. 20 Minuten köcheln lassen.

Sugo in einen ungelochten, tiefen Gastronormeinsatz füllen. Auberginenröllchen darauf anordnen und mit in Scheiben geschnittenem Mozzarella belegen. Im vorgeheizten Ofen auf mittlerer Schiene bei 200 °C und 60 % Dampf ca. 20 Minuten backen.

- Auberginen besitzen kaum Eigengeschmack und vertragen deshalb eine kräftige Würzung (Knoblauch, Oregano, Rosmarin, Thymian). Sie sind kalorienarm und regen die Funktion von Leber und Bauchspeicheldrüse an. Noch nicht reife Früchte enthalten, wie übrigens auch andere Nachtschattengewächse, das giftige Alkaloid Solanin. Deshalb sollte man sie auch nicht roh essen, denn erst durch Garen wird Solanin zur Gänze zerstört.
- Vulcano-Rohschinken ist ein knochengereifter, luftgetrockneter Schinken aus dem steirischen Vulkanland. Sie können auch andere gute Schinkensorten verwenden.

Info

NIEDERGAR-
TEMPERATUR
KOMBI-
BACKOFEN

Entenbrust mit Sojakeimlingen und süßer Sojasoße

4 Portionen

Zutaten

FLEISCH
2 Barbarieentenbrüste
2 EL Sesamöl
Salz, Pfeffer aus der Mühle

SOSSE
1 Knoblauchzehe
1 roter Paprika
2 EL Feinkristallzucker
1 EL Honig
4 EL Reis- oder Weißweinessig
200 ml Wasser
Sojasoße
2 EL Sesamöl
Salz, Pfeffer aus der Mühle

1 Pkg. Sojakeimlinge

Zubereitung

Entenbrüste an der Hautseite kreuzweise ein-, aber nicht ins Fleisch schneiden. Auf beiden Seiten mit Salz und Pfeffer würzen. Dann in heißem Öl zuerst etwa 2 Minuten auf der Hautseite, dann 1 Minute auf der Fleischseite braten. Danach die gebratenen Entenbrüste in einem ungelochten Gastronormeinsatz im vorgeheizten Ofen bei 80 °C und 30 % Dampf etwa 45 Minuten (je nach Größe der Entenbrüste) braten. Wenn die Entenbrüste eine Kerntemperatur von 60 °C erreicht haben (Kern- oder Temperaturfühler verwenden), aus dem Ofen nehmen und etwa 5 Minuten ruhen lassen.

Für die Soße Knoblauch und Paprika fein würfeln. Kristallzucker und Honig leicht karamellisieren lassen, Paprikawürfel kurz mitrösten und mit Essig, Wasser, Sojasoße und Sesamöl ablöschen. Mit Knoblauch, Salz sowie Pfeffer würzen und Sojakeimlinge beigeben.

Alles weiterkochen, bis die Flüssigkeit auf ein Viertel der ursprünglichen Menge eingekocht ist. Wer will, kann die Soße mit Kartoffelstärke leicht binden. Dafür die Stärke mit etwas kaltem Wasser gut verrühren, in die Soße geben und aufkochen lassen. Zum Schluss mit etwas Salz und Pfeffer würzen.

DAMPFGARER

Kalbsgulasch mit Serviettenknödeln

Zutaten

GULASCH

1 kg Kalbfleisch von der Wade
200 g Zwiebeln
4 EL Öl
20 g edelsüßes Paprikapulver
2 EL Tomatenmark
400 ml Rindsuppe
125 ml Schlagobers
125 ml Sauerrahm
1 EL Weizenmehl
abgeriebene Schale
einer Biozitrone
Salz

SERVIETTENKNÖDEL

250 g Semmelwürfel
300 ml Milch
60 g Butter
4 Eier
Salz, Pfeffer
aus der Mühle
geriebene Muskatnuss
1 kleines Bund Petersilie

Zubereitung

Fleisch in etwa 3 cm große Würfel, Zwiebeln kleinwürfelig schneiden. Das Öl in einem Topf erhitzen und die Zwiebeln hellbraun rösten. Fleisch kurz andünsten, Paprikapulver und Tomatenmark beigeben. Sofort mit der Suppe und dem Schlagobers ablöschen. Mit Salz und Zitrone würzen, in einen ungelochten, tiefen Gastronormeinsatz legen und im vorgeheizten Dampfgarer bei 100 °C und 100 % Dampf für 1½–2 Stunden weich dünsten. Fleisch herausheben, den Rahm und das Mehl verrühren und in den kochenden Saft in einem Topf auf der Herdplatte einrühren. Aufmixen und das Fleisch im Saft warm halten.

Für die Serviettenknödel Milch, Butter, Salz, Pfeffer und Muskatnuss in einem Topf erhitzen. Semmelwürfel mit der heißen Milchmischung übergießen. Mit Frischhaltefolie abdecken und ca. 20 Minuten durchziehen lassen. Eier und gehackte Petersilie unter den Teig mengen. Ein Stück Frischhaltefolie glatt auflegen, die Masse darauf verteilen und zu einer Rolle formen. Das Ganze noch mit Alufolie umwickeln und im vorgeheizten Dampfgarer bei 100 °C und 100 % Dampf etwa 30 Minuten garen. Nach Ende der Garzeit sofort auspacken und in 2 cm dicke Scheiben schneiden.

Tipps

- Eine herzhafte Note erhalten die Knödel, wenn Sie eine kleine gewürfelte Zwiebel in etwas Butter leicht anbräunen und unter die Masse mischen. Und im Frühjahr können Sie statt Petersilie eine Variante mit Bärlauch zubereiten.
- Wenn Sie die Knödel luftiger wollen, trennen Sie die Eier. Das Eigelb zur Masse geben, das Eiweiß steif schlagen und am Schluss vorsichtig unterheben.

DAMPFGARER

Geselchtes mit Kartoffelpüree und Röstzwiebeln

4 Portionen

Zutaten
ca. 1 kg Geselchtes

RÖSTZWIEBELN
200 g Zwiebeln
500 ml Öl
Weizenmehl zum Stauben

KARTOFFELPÜREE
800 g mehlige Kartoffeln
200 ml Milch
90 g Butter
Salz, geriebene Muskatnuss

Zubereitung
Geselchtes im Dampfgarer in einem ungelochten Gastronormeinsatz bei 100 °C und 100 % Dampf für 2–2 ½ Stunden dämpfen (je nach Größe).

Die Zwiebeln in dünne Ringe schneiden, mit etwas Mehl stauben und goldgelb im Öl frittieren.

Kartoffeln schälen, vierteln und im vorgeheizten Dampfgarer bei 100 °C und 100 % Dampf für etwa 25 Minuten weich dämpfen.

Heiß ausdampfen lassen und durch eine Kartoffelpresse drücken, mit Salz und Muskatnuss würzen, mit Butter und heißer Milch glatt rühren, bis das Püree die richtige Konsistenz hat. Mit Röstzwiebeln garnieren.

Tipp

Bitte darauf achten, dass Sie die Zwiebeln nicht zu dunkel frittieren, sonst verbrennen sie. Zwiebeln dunkeln rasch nach.

DAMPFGARER

Pilzrisotto

4 Portionen

Zutaten
1 mittelgroße Zwiebel
5 EL Olivenöl
250 g Risottoreis
2 Knoblauchzehen
100 ml Weißwein
(Rundkornreis)
1 l Gemüsefond
200 g frische Pilze
(je nach Saison)
50 g Butter
50 g geriebener Parmesan
3 EL frisches Basilikum

Zubereitung

Die Zwiebel fein hacken und mit etwas Olivenöl in einem Topf glasig anschwitzen. Den Reis dazugeben und ca. 1 Minute anrösten, Knoblauch beigeben, mit Weißwein ablöschen und aufkochen lassen.

In einen ungelochten, tiefen Gastronormeinsatz füllen und mit heißem Gemüsefond aufgießen. Im vorgeheizten Dampfgarer bei 100 °C und 100 % Dampf für 30–35 Minuten kernig dämpfen. Pilze in Olivenöl anbraten, nach 20 Minuten zum Risotto geben und mitdämpfen.

Mit Butter, Parmesan, Salz und Pfeffer abschmecken und Basilikum darüberstreuen.

Tipps

- Risotto dauert im Dampfgarer zwar etwas länger als auf dem Herd, ist aber von der Zubereitung einfacher und muss nicht ständig umgerührt werden.
- Basilikum sollten Sie nur grob schneiden und erst kurz vor dem Anrichten unter das Risotto heben, sonst verfärbt es sich unschön und verliert seine schöne grüne Farbe.

Zutaten

RINDERROULADEN
4 dünne Rinderschnitzel zu je 160 g
Senf zum Bestreichen
Weizenmehl zum Stauben
Salz, Pfeffer aus der Mühle
Öl zum Braten

FÜLLE
100 g Räucherspeck
50 g Karotten
50 g Gelbe Rüben
100 g Zwiebeln
4 kleine Essiggurken
2 fein geschnittene Knoblauchzehen

SOSSE
1 feinwürfelig geschnittene Zwiebel
1 TL gehackte Kapern
einige Thymianzweige
ca. 400 ml Rindsuppe
125 ml Sauerrahm
20 g glattes Weizenmehl
Senf zum Abschmecken

500 g Bandnudeln
(Zubereitung wie Spaghetti, siehe Seite 22)

Rinderrouladen mit Bandnudeln

DAMPFGARER

4 Portionen

Zubereitung

Die flach geklopften Rindschnitzel salzen, pfeffern und die Sehnen an den Rändern einschneiden. Mit Senf bestreichen und mit dem Speck, den klein geschnittenen Karotten, Gelben Rüben, Zwiebeln und Gurken füllen. Zu Rouladen einrollen und mit Zahnstochern oder Küchengarn fixieren. Die Rouladen mit Mehl stauben und in heißem Öl rundherum scharf braun anbraten.

Herausheben und den Bratensatz mit der Zwiebel, den Kapern sowie den Thymianzweigen kurz anschwitzen und danach mit der Suppe aufgießen.

Nun die Rouladen in einen tiefen, ungelochten Gastronormeinsatz legen und mit dem Bratensaft übergießen. Im vorgeheizten Dampfgarer bei 100 °C und 100 % Dampf die Rouladen für 1½ Stunden weich dünsten.

Aus der Soße heben und die Soße mit Sauerrahm und Mehl verfeinern, mit Senf abschmecken und in einem Topf am Herd aufkochen lassen. Die Zahnstocher oder das Garn entfernen und mit den Bandnudeln servieren.

Tipp

Bandnudeln können auch im Dampfgarer mit etwas Butter und Salz bei 100 °C und 100 % Dampf in einem ungelochten Gastronormeinsatz aufgefrischt und mit den Rinderrouladen angerichtet werden.

DAMPFGARER

Kartoffelteig für Gnocchi oder Schupfnudeln

4 Portionen

Zutaten
500 g mehlige Kartoffeln
350 g griffiges Weizenmehl
60 g Butter
120 g Grieß
6 Eigelb
1 Prise Salz
geriebene Muskatnuss

Zubereitung
Die ungeschälten Kartoffeln im vorgeheizten Dampfgarer bei 100 °C und 100 % Dampf 40–60 Minuten (je nach Größe) weich dämpfen, schälen, abwiegen und mit einer Kartoffelpresse heiß passieren.

Mit den anderen Zutaten rasch zu einem Teig weiterverarbeiten und etwa 15 Minuten ruhen lassen. Den Teig auf einer bemehlten Arbeitsfläche zu einer Rolle verarbeiten und gleich große Ringe zuschneiden.

Für Gnocchi zu einer Kugel formen und mit dem Daumen über den Gabelrücken drücken. Für Schupfnudeln mit der Handinnenseite in eine längliche Form rollen. In einem ungelochten Gastronormeinsatz im vorgeheizten Dampfgarer bei 100 °C und 100 % Dampf 12–15 Minuten (je nach Größe) dämpfen, abschmecken und mit einer passenden Soße oder als Beilage servieren.

Tipp

Wer will, kann die Gnocchi oder Schupfnudeln auch ungekocht einfrieren und im gefrorenen Zustand im Dampfgarer fertigstellen. Auch Desserts wie Mohnnudeln (mit geriebenem Mohn und Puderzucker) oder Kürbisnudeln (Kartoffelteig mit Kernöl) lassen sich mit diesem Kartoffelteig gut zubereiten.

Desserts

DAMPFGARER

Zutaten

SOUFFLÉ
3 Eier
50 g Schokolade
60 g Butter
40 g Puderzucker
20 g Feinkristallzucker
Prise Salz
60 g geriebene Haselnüsse
40 g Semmelbrösel
20 g glattes Weizenmehl

SCHOKOLADESOSSE
125 ml Schlagobers
20 g Puderzucker
125 g Haushaltsschokolade
eventuell etwas Rum (40 %)

diverse Früchte (z. B. Erdbeeren), Schlagobers und Minze als Garnitur
flüssige Butter und Semmelbrösel zum Ausfetten der Formen

Schokolade-Nuss-Soufflé mit Schokoladesoße

4 Formen zu je 125 ml

Zubereitung

Eier trennen, Schokolade über einem Wasserbad (max. 40 °C) schmelzen. Weiche Butter mit Puderzucker schaumig rühren, die Eigelb nach und nach beigeben, die flüssige Schokolade unterrühren. Eiweiß mit Salz und Kristallzucker zu Schnee schlagen und vorsichtig unter den Butterabtrieb mischen. Nüsse, Semmelbrösel und Mehl vermischen und abwechselnd mit dem Schnee locker unter die Masse heben.

Dariolformen mit flüssiger Butter ausstreichen und mit Bröseln auskleiden. Die Masse in die Formen zwei Drittel hoch einfüllen. Im vorgeheizten Dampfgarer bei 100 °C und 100 % Dampf 30–40 Minuten je nach Größe der Formen dämpfen.

Für die Schokoladesoße Obers mit Puderzucker erhitzen und klein gehackte Schokolade einrühren, eventuell mit etwas Rum verfeinern.

Soufflé aus den Formen stürzen, mit heißer Schokoladesoße übergießen und mit geschlagenem Obers, frischen Früchten und Minze garnieren.

Info

Schokolade wirkt grundsätzlich stimmungsaufhellend. Durch den maßvollen Verzehr von Schokolade (mit hohem Kakaoanteil) erhöhen sich Serotonin- und Endorphinspiegel. Der Gehalt an Phenylethylamin und Theobromin, vor allem in dunkler Schokolade, hat eine leicht anregende Wirkung.

KOMBI-
BACKOFEN

Topfensoufflé mit Fruchtsoße

4 Formen zu je 125 ml

Zutaten

SOUFFLÉ
250 g Topfen (20 %)
3 Eier
125 g Sauerrahm
2 EL Maisstärke
Prise Vanillezucker
abgeriebene Schale einer halben Biozitrone
20 g Feinkristallzucker
Prise Salz

FRUCHTSOSSE
250 g Beerenfrüchte (Himbeeren, Erdbeeren …)
50 g Feinkristallzucker
eventuell etwas Zitronensaft oder Himbeergeist

Butter und Feinkristallzucker für die Formen

Zubereitung

Eier trennen. Den Topfen mit Eigelb, Sauerrahm, Maisstärke, Vanillezucker und Zitronenschale in einer Schüssel verrühren. Das Eiweiß mit Kristallzucker und Salz steif schlagen.

Den Eischnee unter die Topfenmasse heben und in die vorbereiteten Formen zwei Drittel hoch einfüllen.

Wasser in einer Pfanne zum Kochen bringen, die Formen in einen ungelochten Gastronormeinsatz stellen und so viel Wasser eingießen, bis die Formen zur Hälfte im Wasser stehen. Für 25–30 Minuten im vorgeheizten Ofen bei 160 °C Hitze und 60 % Dampf backen.

Für die Soße Früchte mit Kristallzucker mixen und passieren. Nach Bedarf mit Zitronensaft oder Himbeergeist abschmecken.

Info

Beeren enthalten reichlich Anthozyane. Diese Farbpigmente in roten und blauen Früchten haben eine Schutzwirkung vor degenerativen Erkrankungen des Herz-Kreislauf-Systems, der Gelenke, der Augen, der Haut und der Nieren. Sie weisen mitunter einen hohen Anteil Pektin auf, das heilsam und wohltuend für Magen und Darm ist. Der hohe Gehalt an Vitamin C kann nicht genug geschätzt werden.

KOMBI-BACKOFEN

Flüssiger Schokoladekuchen

4 Formen zu je 100 ml

Zutaten
125 g flüssige Butter
125 g dunkle Kuvertüre
60 g Puderzucker
3 Eier
3 Eigelb
25 g Weizenmehl
2 Orangen

flüssige Butter und gehobelte Mandeln zum Ausstreuen der Formen

Zubereitung

Butter und Kuvertüre über Wasserdampf (max. 40 °C) langsam schmelzen. Eier, Eigelb, Puderzucker ca. 10 Minuten gut schaumig schlagen. Zuerst die Butter-Schokolade-Mischung, dann das Mehl behutsam unter die Eigelbmasse heben, in gebutterte und mit Mandeln ausgestreute Formen füllen und für 3–4 Stunden im Kühlschrank durchkühlen lassen.

Im vorgeheizten Ofen bei 180 °C und 30 % Dampf für 12–15 Minuten backen (Dauer hängt von Größe und Stärke der Formen ab) und anrichten. Am Ende der Garzeit sollte die Masse in der Mitte der Förmchen noch flüssig sein. Auf Teller stürzen und mit Orangenfilets servieren.

Tipps

- Wer will, kann eine Messerspitze Chilipaste oder eine kleine, fein gehackte Chilischote unter die Eigelbmasse mischen.
- Die Butter kann durch die gleiche Menge eines milden Olivenöls ersetzt werden. Das ergibt einen Kuchen, der im Geschmack etwas herber ist.

KOMBI-
BACKOFEN

Kaiserschmarrn

4 Portionen

Zutaten
8 Eier
5 EL Feinkristallzucker
Prise Salz
1 EL Vanillezucker
250 g glattes Weizenmehl
500 ml Milch
40 g in Rum eingeweichte Rosinen

50 g Butter zum Backen
Zwetschken- oder Apfelkompott als Garnitur
Puderzucker zum Bestreuen

Zubereitung

Eier trennen. Eiweiß mit Salz und Kristallzucker zu Schnee schlagen. Aus den restlichen Zutaten mit dem Schneebesen einen Teig rühren und zum Schluss mit einer Gummispachtel den steifen Schnee unterheben.

Einen geschlossenen Gastronormeinsatz mit etwas flüssiger brauner Butter ausstreichen. Den Teig eingießen und im vorgeheizten Ofen bei 180 °C und 80 % Dampf backen. Den Schmarrn auf einer Seite goldbraun werden lassen, mit einer Backschaufel wenden und auf der anderen Seite auch goldbraun werden lassen.

Den Schmarrn mit zwei Gabeln in Stücke reißen, mit Puderzucker bestreuen und servieren.

Tipp

Falls nur ein fertiges Zwetschkenkompott vorrätig sein sollte, kann man etwas Portwein oder Rum kurz einreduzieren und das Kompott darin erwärmen.

KOMBI-BACKOFEN

Zutaten

BUCHTELN
20 g Hefe
130 ml Milch
330 g glattes Weizenmehl
30 g Puderzucker
1 Ei
1 Eigelb
1 TL Vanillezucker
abgeriebene Schale einer Biozitrone
Prise Salz
30 g heiße Butter

Marillenmarmelade zum Füllen
50 g heiße Butter zum Bestreichen
etwas Puderzucker zum Garnieren

VANILLESOSSE
150 ml Milch
2 Vanilleschoten
3 Eigelb
60 g Feinkristallzucker
125 ml Schlagobers

Buchteln mit Vanillesoße

1 Form von 25 x 15 cm

Zubereitung

Zunächst einen Vorteig zubereiten. Dafür die Hefe in lauwarmer Milch (nicht über 50 °C erhitzen) auflösen, mit etwa einem Viertel des Mehls vermischen, etwas Mehl darüberstreuen und mit einem Tuch abgedeckt an einem warmen Ort gehen lassen, bis sich an der Oberfläche kleine Risse bilden.

Anschließend den Puderzucker mit Ei und Eigelb aufschlagen, das übrige Mehl, die Aromen und die heiße Butter zum Vorteig geben und daraus einen Teig kneten. An einem warmen Ort bis zur doppelten Höhe aufgehen lassen, zusammenkneten und etwa 3 cm dick ausrollen.

Mit einem runden Ausstecher (Ø 5 cm) Kreise ausstechen, mit Marillenmarmelade füllen, zusammenklappen und die Teigränder zusammendrücken.

Mit heißer Butter bestreichen und die Buchteln mit der glatten Seite nach oben in eine gebutterte ovale, feuerfeste Auflaufform setzen und nochmals 10–15 Minuten aufgehen lassen. Danach die Oberfläche nochmals mit heißer Butter bestreichen und im Ofen bei 180 °C und 60 % Dampf goldgelb backen. Mit Puderzucker bestreuen.

Für die Vanillesoße Milch mit den aufgeschnittenen Vanilleschoten aufkochen, 5 Minuten ziehen lassen und Vanilleschoten entfernen; Mark auskratzen und in die Milch rühren. Eigelb mit Kristallzucker verrühren und die Milch nach und nach darunterrühren, bis die Soße leicht bindet. Topf in ein Geschirr mit Eiswasser stellen und abkühlen lassen. Währenddessen ab und zu umrühren. In die lauwarme Soße das halbfest geschlagene Obers unterrühren.

DAMPFGARER

Wachauer Marillenknödel mit Nussbröseln

4 Portionen

Zutaten

MARILLENKNÖDEL
500 g Topfen (20 %)
50 g flüssige Butter
30 g griffiges Weizenmehl
60 g Grieß
80 g Puderzucker
80 g Semmelbrösel
2 Eier
Prise abgeriebene Schale einer Biozitrone
Prise Salz

500 g Wachauer Marillen und Würfelzucker zum Füllen

NUSSBRÖSEL
150 g Butter
100 g Semmelbrösel
100 g geriebene Haselnüsse
20 g Puderzucker
Prise gemahlener Zimt

Zubereitung

Den passierten Topfen mit den anderen Zutaten rasch zu einem Teig verarbeiten und für 15 Minuten ruhen lassen. Die Marillen entkernen und anstelle des Kerns ein Stück Würfelzucker in die Mitte der Marille platzieren. Gut mit Teig umhüllen und schöne runde Knödel formen.

Im vorgeheizten Dampfgarer bei 100 °C und 100 % Dampf in einem ungelochten Gastronormeinsatz 30–35 Minuten (je nach Größe der Knödel) dämpfen.

Butter in einer Pfanne zerlassen und die Brösel darin anrösten. Haselnüsse untermischen und kurz mitrösten. Vom Herd nehmen und Zucker und Zimt dazugeben.

Marillenknödel in den fertigen Nussbröseln wenden und sofort anrichten.

Tipp

Sie können auch das Kartoffelteigrezept der Powidltascherln als Basis für Fruchtknödel verwenden (siehe Seite 90). Dabei bleibt die Garzeit im Dampfgarer gleich.

DAMPFGARER

Powidltascherln

4 Portionen

Zutaten

POWIDLTASCHERLN
400 g mehlige Kartoffeln (nach dem Dämpfen sollten es 250 g geschälte Kartoffeln sein)
20 g Butter
120 g griffiges Weizenmehl
40 g Grieß
2 Eigelb
Prise abgeriebene Schale einer Biozitrone
Prise Salz

Zwetschkenmarmelade zum Füllen
Puderzucker zum Bestreuen

BUTTERBRÖSEL
150 g Butter
80 g Semmelbrösel
20 g Puderzucker
Prise gemahlener Zimt

Zubereitung

Die ungeschälten Kartoffeln im vorgeheizten Dampfgarer bei 100 °C und 100 % Dampf 40–60 Minuten (je nach Größe) weich dämpfen. Schälen, auf 250 g abwiegen und mit einer Kartoffelpresse heiß passieren.

Mit den anderen Zutaten (1 Eigelb zurückbehalten) rasch zu einem Teig weiterverarbeiten und für 15 Minuten ruhen lassen. Den Teig auf einer bemehlten Arbeitsfläche ½ cm dick ausrollen und mit einer Form (Ø 10 cm) ausstechen.

Die Teigränder mit dem noch vorhandenen Eigelb einstreichen, in der Mitte mit etwas Zwetschkenmarmelade füllen, zusammenklappen und im vorgeheizten Dampfgarer bei 100 °C und 100 % Dampf 15 Minuten in einem ungelochten Gastronormeinsatz garen.

Butter in einer Pfanne schmelzen und Brösel darin anrösten. Vom Herd nehmen und Zucker und Zimt untermischen. Powidltascherln in den leicht gerösteten Butterbröseln wenden, mit Puderzucker bestreuen und servieren.

Tipp

Wenn Sie keine Ausstechform aus Edelstahl oder Kunststoff haben, können Sie zum Ausstechen auch eine Suppentasse oder ein Glas verwenden.

DAMPFGARER

Germknödel

4 Stück

Zutaten

GERMKNÖDEL
250 g griffiges Weizenmehl
15 g Hefe
125 ml Milch
25 g Butter
25 g Puderzucker
2 Eigelb
1 TL Vanillezucker
abgeriebene Schale einer Biozitrone
Prise Salz

Zwetschkenmarmelade zum Füllen
heiße Butter zum Übergießen
geriebener Mohn und Puderzucker zum Bestreuen

Zubereitung

Für den Vorteig die Hefe in lauwarmer Milch (nicht über 50 °C erhitzen) auflösen, mit etwa einem Viertel des Mehls vermischen, etwas Mehl darüberstreuen und mit einem Tuch abgedeckt an einem warmen Ort gehen lassen, bis sich an der Oberfläche Risse zeigen.

Die Butter erwärmen und mit Puderzucker, Vanillezucker, Eigelb, Zitronenschale und Salz über Dampf warm aufschlagen. Vorteig, Mehl und Butterabtrieb zu einem glatten Teig verarbeiten.

Teig in vier gleich große Stücke teilen und zu Kugeln formen. Mit einem Tuch abdecken und etwa 30 Minuten ruhen lassen. Die Kugeln flach drücken, in der Mitte mit etwas Zwetschkenmarmelade füllen, zusammenklappen, die Teigränder zusammendrücken und mit der Teignaht nach unten auf ein bemehltes Brett legen. Nochmals mit einem Tuch abdecken und aufgehen lassen.

Die fertig aufgegangenen Germknödel in einen gelochten Gastronormeinsatz einlegen und im vorgeheizten Dampfgarer bei 100 °C und 100 % Dampf ca. 25 Minuten dämpfen. Germknödel auf einem Teller anrichten, mit heißer Butter übergießen und mit einer Mohn-Zucker-Mischung bestreuen.

Tipp

Sie können auch tiefgekühlte Germknödel im Dampfgarer dämpfen. Dafür geben Sie einfach 10 Minuten Garzeit dazu.

DAMPFGARER

Crème brûlée

4 Formen zu je 125 ml

Zutaten
1 Vanilleschote
80 g Feinkristallzucker
300 ml Schlagobers
160 ml Milch
4 Eigelb
40 g brauner Zucker
zum Flämmen

Zubereitung
Die Vanilleschote der Länge nach aufschneiden, Mark auskratzen und mit etwas Kristallzucker vermischen. Obers, Milch, Eigelb, restlichen Kristallzucker und Vanillemark (am besten mit dem Stabmixer) durchmixen und im Kühlschrank ruhen lassen, bis sich der Schaum der Flüssigkeit gesetzt hat.

In Porzellanförmchen füllen, die Formen in einen geschlossenen Gastronormeinsatz stellen und im vorgeheizten Dampfgarer bei 90 °C und 100 % Dampf ca. 50 Minuten garen. Anschließend gleich kalt stellen. Kurz vor dem Servieren mit braunem Zucker bestreuen und mit einem Brenner flämmen.

Tipps

- Als Garnitur eignen sich frische Beeren oder Beerenmark hervorragend. Dazu benötigen Sie frische oder tiefgekühlte Früchte (die sich übrigens auch im Dampfgarer bei 60 °C und 100 % Dampf langsam auftauen lassen), Puderzucker nach Geschmack und einen Stabmixer. Das Beerenmark nun durch ein feines Sieb passieren und mit der Crème brûlée servieren.
- Sollten Sie keinen Brenner zum Flämmen haben, dann tut's auch eine Lötlampe mit Campinggas.

Kleiner Küchendolmetscher

Geselchtes	geräuchertes Fleisch
Karotte	Möhre
Marille	Aprikose
Nockerl	kleiner Kloß
Powidl	Zwetschkenmarmelade
Sauerrahm	saure Sahne
(Schlag-)Obers	süße Sahne, Süßrahm
Schweinsschopf	Schweinekamm
Semmel	Brötchen
(Semmel-)Brösel	Paniermehl
Topfen	Quark
Zwetschke	Zwetsch(g)e, Pflaume

Kleines Küchenlexikon

Abkürzungen/Begriffe

Dariolform	kleine, glatte Becherform
EL	Esslöffel
TL	Teelöffel
Pkg.	Packung

Rezepte von A bis Z

A

Artischocken mit Paprikavinaigrette 37

Asia-Glasnudelsalat 19

Auberginenröllchen, überbackene, mit Vulcano-Rohschinken 69

B

Blumenkohl, gedämpfter, mit Butterbröseln 39

Buchteln mit Vanillesoße 87

C

Crème brûlée 93

Curryreis 59

E

Eismeersaibling, gedämpfter, auf Lauchgemüse mit Weißweinsoße 48

Entenbrust mit Sojakeimlingen und süßer Sojasoße 70

G

Garnelen auf Glasnudelsalat mit Gemüsestreifen 47

Germknödel 91

Geselchtes mit Kartoffelpüree und Röstzwiebeln 73

Gnocchi 77

H

Hirse-Gemüse-Auflauf 68

Hühnerbrust, gedämpfte, mit pikantem Gemüse und Kräutern 64

Hühnersuppe, gebundene, mit Bröselknödeln 29

K
Kaiserschmarrn 85
Kalbsgulasch mit Serviettenknödeln 72
Kartoffelcremesuppe mit frittierter Petersilie 33
Kartoffeln, gratinierte 57
Kartoffelpüree 73
Kartoffelsalat 38
Kartoffelschmarrn 63
Kartoffelteig für Gnocchi oder Schupfnudeln 77
Kürbiscremesuppe 27
L
Lachsfilet, souffliertes, auf Frühlingsgemüse 50
Lammkarree mit gratinierten Kartoffeln
und Zucchinigemüse 57
M
Marillenknödel, Wachauer, mit Nussbröseln 88
Milchreis 59
N
Nudeln (z. B. Spaghetti, Bandnudeln) 22
P
Paprika, gefüllte, in Tomatensoße 58
Pestonudeln mit Parmesan und
gebratenen Kirschtomaten 22
Petersilienkartoffeln 50
Pilzrisotto 75
Powidltascherln 90
R
Ravioli mit Ricotta und Parmesan 20
Reis, gedünsteter 59
Rinderfilet auf Röstkartoffeln mit
grünem Spargel und gegrillten Kirschtomaten . . . 63
Rinderrouladen mit Bandnudeln 76
Rindsuppe mit Wurzelgemüse 30
Risi-Pisi 59
S
Safranreis 59
Schokoladekuchen, flüssiger 84
Schokolade-Nuss-Soufflé mit Schokoladesoße 81
Schupfnudeln 77
Schweinefilet im Ganzen gebraten
mit Bärlauchcreme und Polentatalern 60
Schweinsschopf mit Kümmelsaft
und Semmelauflauf 67
Seezungenröllchen in Safrancreme
mit wildem Reis 51
Selleriecremesuppe mit frittiertem Selleriestroh . . . 28
Serviettenknödel 72
Spargelsalat mit Frühlingskräutern 40
Speckkrautsalat, warmer 43
T
Topfennockerln mit Minze auf Blattspinat 21
Topfensoufflé mit Fruchtsoße 82
V
Vitello tonnato 24
Vollkornbrot aus Sauerteig 25
Z
Zander im Speckmantel auf Kürbisgemüse 53
Zucchiniblüten, gefüllte, mit Lachsforellenfarce
auf Kräutersoße 54

Verwendete Literatur

- Der Brockhaus Ernährung, F. A. Brockhaus GmbH, Mannheim, Leipzig 2008
- Nicola Graimes: Clever essen – clevere Kids, Urania, Freiburg 2004

Dank

Meine Eltern haben mich zu diesem Kochbuch inspiriert, Aimée Klein hat mich in diesem Vorhaben bestärkt und den Kontakt zum Verlag hergestellt. Meine Lebensgefährtin Erika Stefal ließ als Diätologin einige hilfreiche Tipps in das Buch einfließen. Sie und meine Schüler Lara Pflanzer, Raphael Paul, Matthäus Blauensteiner und Andreas Zwettler sowie mein Kollege Christian Zaufl unterstützten mich tatkräftig bei den Fotoshootings. Allen möchte ich an dieser Stelle von ganzem Herzen meinen Dank aussprechen.

Wir bedanken uns für die freundliche Unterstützung bei folgenden Unternehmen:

- Tourismusschulen Modul (www.modul.at)
- CERNYs Fisch und Feinkost (www.cernys.at)
- Kriegler Wildspezialitäten (www.krieglerwild.at)
- Leopold Trünkel (www.truenkel.at)
- FRISCH und RASCH – Obst und Gemüse (www.frischundrasch.at)
- Eishken Estate (www.eishken.at)
- Faulmann & Faulmann Küchen (www.faulmann.at)

Bildquellen

Umschlag und Inhalt: Miguel Dieterich

Impressum

avBuch im Cadmos Verlag

3. Auflage 2014

Deutsche Nationalbibliothek – CIP-Einheitsaufnahme
Die Deutsche Nationalbibliothek verzeichnet diese Publikation in der Deutschen Nationalbibliografie; detaillierte bibliografische Daten sind im Internet über http://dnb.ddb.de abrufbar.

Projektleitung: Brigitte Millan-Ruiz, avBUCH
Redaktion: Jürgen Ehrmann, media-solutions.at, Wiener Neustadt
Umschlag & Layout: Ravenstein + Partner, Verden
Satz: armanda,geisler Wien
Bildreproduktion: Miguel Dieterich, Wien
Hantsch und Jesch PrePress Services OG, Wien

Druck und Bindung: Himmer AG, Augsburg
Printed in Germany

ISBN: 978-3-7040-2401-5